华夏文库

经典解读系列

为贫弱者立说

——大爱《墨子》

陈树千 著

大地传媒｜海燕出版社

“华夏文库”发凡

毫无疑问，每一个时代都有属于自己时代的精神追求、文化叩问与出版理想。我们不禁要问，在21世纪初叶，在全球文明交融的今天，在信息文明的发轫初期，作为一个中国出版人，我们正在或者将要追求什么？我们能够成就或奉献什么？我们以何种方式参与全球化时代的文化传播进程？在一连串的追问下，于是，有了这套“华夏文库”的出版。

自信才能交融。世界各大文明在坚守自身文化个性的同时，不约而同地加快了探视其他文化精神内涵的步伐，世界不同文明正在朝着了解、交流、碰撞、借鉴与融合的方向前进。在此背景下，建立自身的文化自信，正是与世界各文明民族进行文化交流的基本要求。五千年中华文明与文化正在不断地被其他文明所发现、所挖掘、所认知，汉语言正在生长为世界语言，儒文化正在世界各地生根发芽。借助这样一种正在成长着的文化自信、自觉、开放、亲和之力，用我们这个时代的学术眼光全面系统梳理中华五千年的文明与文化，向其他各大文明与文化圈正面展示自我，让中华优秀文化成为世界文化的重要组成部分，正是我们出版这套文库的目的之一。此其一。

知己才能知彼。身处五千年文化浸润的今天，重新思考我们先人的人生思考、价值思考与哲学思考，找到一个民族、一个国家的价值所在、立命所在、安身所在，这已经是我们这个时代的学人与出版人不得不再思考的问题。作为中华文明的一分子，我们在思考的同时，还必须了解我们的先人创造了如何优秀的精神文明与物质文明以及社会文明。只有熟知自己的文化，热爱自己的文化，悟明自己的文化，我们才能宣说自己、弘扬自己、光大自己。因此，我们策划组织这套“华夏文库”的初衷，还在于让当下的知识青年全面系统瞭望中华文明与文化的全景，并借此能够对更为深广的世界各民族文化提供一个比较认知的基础。此其二。

顺势才能有为。我们正处在农耕文明、工业文明、信息文明的交会处，信息文明带领我们从读纸时代进入读屏时代，以智能手机屏幕为代表的书籍呈现方式正在与纸质书籍争夺阅读时间与空间。我们正在领悟数字技术，正在以信息文明的视角，去整理、分析和研究农耕文明与工业文明的文化遗产，不仅仅是为了唤醒优秀的传统文化，我们还在生发和原创着当今时代的文化。由此，我们试图架起一座桥梁——由纸质呈现而数字呈现，由数字呈现而纸质呈现，以多媒介的书籍呈现方式，将文字、图像、声音与视频四者结合，共同筑成“华夏文库”，以奉献给信息文明时代的新读者。此其三。

总之，这是一套——专家大家名家写小书；以最小的阅读单元，原创撰写中华精神文化、物质文化与社会文明系列主题与专题；以图文、音视频多媒介呈现的方式，全面介绍与传播中华文明与优秀文化，系统普及与推介中华文明与文化知识；主旨是为了让世界与中国共同了解中国的——大型丛书，借此，复兴文化，唤起精神，融入世界。

耿相新

2013年6月27日

寻找墨子

春秋战国时期，“孔北老南，对垒互峙；九流十家，继轨并作。如春雷一声，万绿齐茁于广野；如火山乍裂，热石竞飞于天外”（梁启超语）。儒、墨、道、法、名、杂、农、兵、小说、阴阳、纵横……林林总总的诸子百家之中，只有墨子一人坦荡荡地让他的学派直接从了他的姓，因为，墨子本身就是墨家的灵魂。

墨子和许多先秦诸子一样在历史的进程中丢失了身份。可就是这样一个来历不明的人物，不仅是乱世的救世英雄，更是治世的精神给养，于是后世学者尽心竭力地在《墨子》和有关他的著述中找寻那个失落在历史长河中的墨子，“守得云开见月明”，我们看到一抹黑色款款走来。

黑色的墨子赋予了《墨子》黑色的智慧，它深沉、厚重，如夜半的苍穹蕴藏着无限的能量。《墨子》是一本朴实无华的书，它不及《诗经》唯美，不及《道德经》玄妙，不及《论语》精辟，不及《庄子》活泼。读着它时，会有一种强烈的感觉，它本身就是个墨子式的男人，高挑、结实，有着遒劲的肌肉，黝黑的皮肤，浓眉大眼，鼻直口方。

然而就是这么个男人，用他简单直白的语言让我们感受到了澎湃如潮的激情。无论是《兼爱》《非攻》，还是《大取》《小取》，每一篇文字似乎都是用尽全身的力气吼出来的。这吼声中带着质问，带着几分痛心疾首，也带着对梦想的不死心。

《墨子》虽非墨子所作，但是无处不透着墨子的精气神。古语讲，文如其人，那么墨子的弟子们该是多么崇拜他们的先师，才能将这本书写得如同真的出自墨子的笔下，足以以假乱真。我想，墨子该不仅仅是他们的老师、榜样，应该还是他们的信仰。

“哲人日益远，典型在夙昔。”墨子的身影已湮灭在历史中，但是墨子留给我们的质朴文字与精妙的言语具有永久的生命力和无可言状的价值。《墨子》中所蕴含的智慧与真知足以启迪现代和引导未来。

记得我的导师曾经说过，人与书的相遇是一种缘。我与《墨子》的缘分是笃定的了，那么，以《墨子》为桥，我们的缘分是不是正行走在路上呢？

目 录

一 墨子为什么这样黑

二 世界因爱而温美

三　在和平中生生不息

四　人才擎起国之天空

五　侠之大者　义薄云天

六　墨子的生态消费观

七 国患之时远离魅惑

八 墨子的天是人民的天

一

墨子为什么这样黑

墨子像（据明万历新安汪氏玩虎轩刊本《列仙全传》插图）

鸡鸣破晓，四处静寂。整座城还没彻底醒来，司门一边自顾自地打着哈欠，一边用力地推开沉睡了一夜的城门。

不远处，氤氲的晨霭中钻出一个人，身材颀长而挺拔。浓雾翻着滚，打着卷，缠绕着他的周身，却牵绊不住他前行的脚步。他看上去行色匆匆却步伐坚定，发丝在清风的逗弄下稍显凌乱，粗褐衣衫写满了一路的风尘。

雾中人的突然而至破坏了原本的静默。

“嘿，快看，那人长得可真黑。”

“我打赌他肯定不是咱们郢都的人。”

“我看着也不像……咦？这人我好像见过……”

说话间那人已来到眼前，司门彼此相视一笑，待会儿要好好盘问一下他是谁，打哪儿来，到楚国来干什么。

墨子的名字是黑色的

他，墨翟，姓墨氏。世人恭称他“墨子”。

“墨”是黑色的，“墨”字一出生体内就蕴含着“黑”的遗传基因，彰显着“黑”的秉性。可“墨”又与黑不同，它本是供文人书写绘画的颜料，“兰亭巨笔鹅池墨，满纸云烟照古今”，这与生俱来的书卷气让“墨”的黑睿智而灵动。

世上还有些以墨为姓的人，倘若您与他素未谋面，只是耳闻，试试看，当这位墨姓人士的名字投射到您的脑子里时，是不是会有一缕浮动在宣纸上的墨香在您的鼻尖萦绕？

中国的姓氏，色彩斑斓，仿佛一块巨大的调色板。赤、橙、黄、绿、青、蓝、紫、黑、白、朱、乌、灰、褐……当然还有“墨”贡献出的一抹颜色。“墨”色不多，因为自古至今姓墨的人一直不多。蒙学读物《百家姓》直接把“墨”丢到了列表的尾端——墨哈谯笪，年爱阳佟，第五言福，百家姓终。虽说《百家姓》未必按照人口数量排次，可是“墨”出现的位置不得不让人觉得它是一个足够小众的姓。也许正是因为墨姓的稀有，清代文人江瑔曾专门写了一篇文章质疑“墨子姓墨”这件事。他说，墨子是世上唯一一个被大家认为姓墨的人，自墨子之后再没听说过谁姓墨。于是，他断言，“墨”

只是墨家学派的名称，不可能是墨子的姓。就像孔子虽是儒学先师却不姓“儒”，老子虽是道家老祖却不姓“道”一样。的确，史书中对墨子生平的记录寥寥无几且语焉不详，以至于墨子是不是姓“墨”都成为后人研究的论题。然而，我们对江瑔的猜测却不能苟同，明朝就有个叫墨麟的人做到了兵部侍郎的位置，同时他还兼任詹事府少詹士，教辅太子，大抵是个文武双全的人才，他的传记收录在《国朝献征录》里。清朝的江瑔不知姓氏中有“墨”大概是因为他从未读过《国朝献征录》，也从未遇到过姓墨的人吧。

墨氏家族虽人丁不旺，“墨”却是一个相当贵气的姓。根据唐代的《元和姓纂》记载，“墨氏，孤竹君之后，本墨台氏，后改为墨氏”。孤竹君是商朝时孤竹(亦作“觚竹”)国的国君，本名墨胎（音同怡）初。周朝初年，耻食周粟而活活饿死的伯夷、叔齐兄弟便是墨胎初的两个儿子。长子伯夷本名墨胎允，三子叔齐本名墨胎致，伯夷、叔齐二人推让孤竹国国君之位，结果，双双离开了孤竹国，小国就交由墨胎初的次子墨胎冯（音同凭）打理。墨胎氏的后代中有将墨胎改为单字“墨”的，这便是墨姓的一个源头。据说墨子的祖上也是贵族，只是春秋时家道衰落了，与平民无异。于是，墨子打小在庶民的环境中长大，看惯了百姓疾苦，听惯了民众声音，涌动在胸中的悲悯让他无法释怀。二十几岁，在这个人的一生中最美好的时期，墨子创立了为贫弱者立说的墨家。他游走在诸侯国间，说着各国百姓的心事；他身体力行，实实在在地为各国百姓做事……为民代言的人，必然为民心所向，一时间，墨学兴起，追随者众，“墨翟之言盈天下”，墨家也成长为战国时与儒家比肩的大学派。

非凡的人一般都有一个非凡的出世传说，墨子的出世传说与他的名字不无关系。“墨”“翟”二字，墨为黑，翟为鸟，于是坊间就有了墨子是神鸟赤乌之子的说法。

元人伊世珍在《琅嬛记》中转述了《贾子说林》中的一段故事：有天晚上，墨子的母亲在睡梦中看到一只硕大的三足乌扑啦啦地飞入房中，整个屋子顿时亮如白昼，母亲惊醒后随即发现自己怀孕了，接着便生下了墨子。三足乌即赤乌，也叫金乌，传说是帝俊和羲和的儿子，住在东海扶桑树上，每天早出晚归到天上值班，向世界释放着光和能量，今天，我们亲切地叫它“太阳”。纷繁的中国古代神话中，因鸟而得生的不仅仅只有墨子，商朝的祖先契是他母亲简狄吞食了玄鸟蛋后受孕生下的。玄鸟即黑色的鸟。如此一来，墨子与契的出世传奇颇为相似，为本来身世神秘的墨子又增添了几分神圣的色彩。

千万不要小觑这段离奇的传说，它可是为神秘而又神圣的墨子掀起了一场姓名的风波。伊世珍在文中除了讲故事外，还爆料说，墨子出生的人家本姓翟，因为他是赤乌之子，于是家人就为他取名为“翟乌”而不是“墨翟”。于是，继伊世珍之后，墨子究竟姓甚名谁成了人们认识墨子的第一个大问题。离奇的传说引发了各种离奇的猜测，也激发了元朝之后历代学者的创造力，点燃了他们各种考证的热情。比如，有些学者认为“墨”是古代中国的刑罚之一，通常叫作“黥”，就是在犯罪之人的脸上刺字，所以，墨子的“墨”说明他是个受过黥刑的罪人；有些学者则指出墨子“秃头”“高鼻”、“面黑”、“赤足”，又主张兼爱、节用、天志、明鬼，像极了印度僧侣，而“墨翟”是“貊狄”或“蛮狄”的音转，所以，“墨翟”并非是姓名，只是表明墨子是个来自异域的外国人。争论一直持续到近代，各种质疑的声音渐渐偃旗息鼓、尘埃落定，最终我们还是把“墨翟”作为名字还给了墨子。一个人的名字能够让后人如此煞费苦心地探讨挖掘，史上恐怕也只有墨子了。

墨子的模样是黑色的

2006年中日韩合拍的电影《墨攻》上映，墨攻，攻应为攻心之意，墨子的以守代攻，实则希冀止戈息战。刘德华在影片中饰演墨家弟子革离，稳重，智慧，很有《墨子》中墨子的范儿。因为通读过《墨子》的人都知道，书中的墨子一向是拥有真理或技高一筹的那个人，稳重、智慧、无往不胜。可革离少了几分颜色，那是健康的古铜色，或者是黝黑的肤色。墨家弟子治时躬耕田亩、风吹日晒，战时守御戒备、栉风沐雨，辛苦的劳作、严苛的生活必然会在墨家人的脸上、身上留下印记，就像墨子的大弟子禽滑釐一样，“手足胼胝，面目黧黑”。

那墨子究竟长什么样？一言以蔽之：黑。墨子的黑非同一般，据《贵义》篇记载，一天，墨子有事要去齐国，他一路向北走着，突然有个占卦先生拦住了他。占卦先生语重心长地告诫墨子：“您可不能再往北走了，黄历上说，今天是黄帝在北方杀死黑龙的日子，您长得这么黑，到北边去会不吉利的。”一向与占卜术士唱对台戏的墨子自然没有听信他的话，大步流星地继续向北走。可占卦先生的好意挽留，正是因为墨子的肤色黑到了足够影响命数的程度。

墨子不仅面黑如炭，而且穿着打扮也相当低调，甚至寒酸。古人谈“容”，不仅仅说容貌，还包括衣冠。荀子说：“士君子之容：其冠进，其衣逢，其容良……”士君子什么样？帽子要高高竖起，衣服要宽宽大大，面容要和蔼可亲。那墨子什么样？还记得几十年前语文课本里，鲁班家的门丁这样描述前来拜访的墨子，“像一个乞丐，三十来岁，高个子，乌黑的脸”。我们能够想象门丁把墨子当成乞丐的原因，来者黑黑瘦瘦，头上顶着些稀疏的毛发，一身深色的粗布短衣，裤管下露着两节因劳作而掉光了汗毛的光秃秃的小腿，一双满布伤口的脚裹在早已破烂的草鞋里，唯一能够表明他仅仅“像”个乞丐而不“是”个乞丐的，恐怕就是背上背着的小工具箱和空着的双手。这就是先秦一大思想门派的开创者和领路人，这样的着装风格与当时秉承周礼，讲究衣着、举止、进退的儒生绝对不同。古往今来，智者的形象往往被描画为羽扇纶巾的清雅之士，而墨子看起来更像是个灰头土脸的田间工作者。可这一切并非因为经济拮据，而是因为他的主张。在墨子眼中，服饰的作用就是御寒、避暑、遮羞，至于数量多寡、是否华贵都不该是人们花精力去思考的事情，因为这些问题于人、于家、于国无益。

提到墨子对服饰的看法就不得不提《墨子·公孟》篇中的一个故事。《墨子》中以人命名的篇目不多，《公孟》是其中之一。公孟子，据推测是曾子的弟子公明仪，属于儒家七十子之后的大师之一。此人可是战国时了不起的音乐家，是创作型的乐师，能作曲能演奏，擅长七弦琴，弹丝品竹，引人入胜。每到好天气，他会带着琴到郊外弹奏，让琴音和山水相伴，臻于妙境。“春日迟迟，卉木萋萋”，这一日，公孟子心情大好，远远地看见一头牛正在茵茵草地上安静地吃草，于是，他兴致勃发，盘坐地上，拨动琴弦，俯仰自得，游心太玄，为这牛弹了一曲高雅的《清角之操》。曲毕，牛儿毫无反应，继续悠闲地吃草。公孟子想，《清角之操》太过阳春白雪，换首小曲试试。结果，老牛除了偶尔甩甩尾巴、赶赶牛虻之外，仍然闷不吱声地吃草。老黄牛吃饱了之后就慢悠悠地走了，空留下无趣的公孟子独自神伤。这是文艺范的公孟子，然而，他还有另外一面，那一面的他常常与理性的墨子交流学术、探讨人生，算得上是墨子的友人。

有一天，公孟子头上戴着章甫之冠，腰间插着笏板，穿着宽大的深衣，漂漂亮亮地来见墨子。公孟子向墨子深深地鞠了一躬，话里有话地问："先生，人们都说'穿什么是什么'，依您之见，君子是先穿戴一定的服饰，然后有一定的作为呢？还是先有一定的作为，再穿戴一定的服饰呢？"墨子看着公孟子煞有介事的样子，不禁莞尔："有没有作为根本不在于穿的是什么样的衣服。"公孟子不解，儒生们一向把服饰视为礼仪和身份的标志，怎么会与人的行为品性无关呢？墨子解释道："从前，齐桓公治国，头戴高帽，腰系大带，佩着金剑木盾，齐国在他的统治下政治清明，独霸一方；而另一位春秋霸主晋文公，整日里穿着粗布衣裳，披着母羊皮的大氅，佩带着剑，晋国不也照样被治理得好好的？再有，头戴鲜冠、身披红袍的楚庄王，断发文身的越王勾践，他们虽穿衣打扮不同，治国的水平却不相上下。所以说，圣明的国君，不管穿戴之物是好是差，是贵是贱，都会功盖天下，成就一番伟业的。就像我说过的，有没有作为和穿什么没关系。"公孟子听后大为折服，他立即起身拱手，向墨子表决心："先生所言极是。您等等，等我换掉身上的这些劳什子再来见您。"墨子哈哈大笑说："好好的，为什么要换呢？若是因为我说了刚才那些话，您就跑回家去摘掉笏板、换掉帽子，然后再来与我见面，那就真的是把穿衣打扮与人的行为举止联系起来了。"

墨子的话现在听来颇有道理，但在当时，即使是被称作礼崩乐坏的年代，听到此番言论的人还是会为之一怔，很难像公孟子那样瞬间心悦诚服。中国自古以"上国衣冠"自居，衣冠对我们先人来说具有多方面的意义，御寒、遮羞、让心情愉悦这三项功能自不必说，衣冠还可以标明身份、差别等级，表示尊敬与礼节，以至于上升到华夷之辨、精神信仰、民族节义等大事上去。古人对衣冠是有感情的，“缁衣之宜兮”，衣服穿到破旧都不忍丢弃；有的人甚至将衣冠看得重于生命，“君子死而冠不免”；甚至有一天某人真的仙逝却不得尸首，还可以葬其衣冠以示纪念，世称“衣冠冢”。然而，墨子眼中的衣服就是衣服，他不同于晋文公，因为晋文公喜好粗衣，穿粗布衣衫是个人癖好，以至于下属们竞相效仿；他不同于越王勾践，因为勾践用破旧的服饰时时提醒自己复仇雪耻。墨子对服饰的态度就是无所谓的淡然，不具备任何审美与情感的淡然，这份淡然让他在世俗的国人眼中看起来那么特别，这份淡然让我想起了赤脚行走在雅典城里的苏格拉底，想起了顶着鸟窝头、披着毯子上街的爱因斯坦。

墨子的履历是黑色的

“娉娉袅袅十三余，豆蔻梢头二月初。”古时最能虏获少女芳心的该是“儒”与“侠”吧。一个花间唱和、月下抚琴，说不完的浪漫；一个义薄云天、仗剑天涯，敌不过的潇洒。倘若有个男子集儒风侠气于一身，少女就要遭殃了，当爱的火苗轻快跳跃时，少女将真真体味何谓寝不安席、食不甘味，何谓寤寐思服、辗转反侧。墨子虽深谙儒学却不浪漫，虽被尊为侠之鼻祖却不潇洒。这样一个人，不知在那个传奇年代会不会有女子为他相思成灾？

读《墨子》，我偶尔会想：“什么样的少女会被墨子吸引，任他为陌生人的生死奔波操劳却默默为他守候爱情？”但《墨子》没能给我提供一个想象爱情故事的空间，于是我恶俗地抄袭某电视节目的模式，给墨子做了三段短片来帮助世上的女子了解他。

短片 1：儒门叛逆

墨子履历的第一笔是写给儒家的，在儒生眼中，墨子却是儒门不幸，是给儒门抹黑的人。人人只道墨子“非儒”，却不想，墨子之所以“非儒”是有资本的，他深谙儒学，才对儒学弃之如敝屣。

儒门是墨子思想萌芽的土壤。春秋时，鲁惠公派人到周平王那里讨教礼乐，平王便差遣精通周礼的史官角去了鲁国，史官角的后人也随之留在鲁国。多年后，墨子拜史官角后人为师，学儒者业、受孔子术。那时的墨子应该在孩提或少年时代。但在众多的孔门再传弟子中，墨子是个极具怀疑精神的学生，他并未言听计从全盘接受师长的传道，而是批判地审视儒学。随着思想日渐成熟，他发现儒家脱离实际的空谈和琐碎的礼教对百姓生活毫无益处，儒学在兵征天下、王者治国的年代里并非救世良药，甚或不合时宜。儒学倡导的厚葬久丧和繁缛礼节颇劳民伤财甚至祸国殃民。以久丧而言，孔子告诫弟子，父母去世儿女须守孝三年，三年中不能干活、嫁娶，要日日保持郁结离愁，追念父母恩情。因为“子生三年，然后免于父母之怀”。所有儿女都是长到三岁才离开父母怀抱，所以父母故去也要守孝三年方能心安。然三年不劳无以食，三年悲戚毁形魄，三年不嫁娶则国之人口减损。墨子自然反对此种荒唐教条。况且，悲戚三年，还剩多少真情实感？其实早前，孔门弟子对此便有非议，宰我就曾认为三年太久，被孔子斥为“不仁”，因之后学再无异议。墨子却不然，完全无视“一日为师，终身为父”的古训，直接走到儒学对面口诛笔伐，非难、批判儒家礼义观，讽刺孔子表面讲求仁义，实则惑乱民众，后来毅然决然自立门户，以鲜明立场与儒家对峙，拉开春秋战国百家争鸣的序幕。百年后，爱琴海边的亚里士多德也对老师不迷信、不盲从，大胆喊出“吾爱吾师，吾更爱真理”的心声，但从结果看，墨子要比亚里士多德决绝得多。

短片 2：江湖大佬

鲁迅先生在《流氓的变迁》里写道：“孔子之徒为儒，墨子之徒为侠。”侠者，行走江湖，不爱空谈，不好虚妄，不依附权贵，不畏惧天子，行侠仗义，替天行道。墨子这位大侠用自己一生的言行定义并诠释着“侠”，并用侠义精神感召着与他志同道合的人。墨子就像一块巨大的磁石，虽然集结在他周围的人数量上未必有孔子门下那么多（史传孔子弟子三千），但信奉他的人个个忠肝义胆，可以为信仰不惜身命。

说来，墨子与弟子的关系也非常有趣。在墨子的班级里，为师的，好似帮会帮主，学生则是帮会成员。墨子对弟子要求非常严格，首先，要成为墨家弟子，必须能够像大禹一样亲操耒耜、栉风沐雨、日夜不休、心怀天下，“不能如此，非禹之道也，不足谓墨”（《庄子·天下》）。而墨家弟子大多也能够谨遵师命，恪守严规。墨子在世时，墨家学派的成员大都由墨子推荐到各地做官，他们又把官俸的一部分交给墨子，共同使用。墨子曾推荐得意门生耕柱子到楚国做官，耕柱子上任后，他的几位同学前去探望，耕柱子请他们吃饭，每餐仅供食三升，招待并不优厚。这几个人回来向墨子抱怨：“耕柱子在楚国没有什么好处，我们几个不远千里去看他，每餐就供给我们三升米。”墨子笑笑说：“不一定吧。”不久，耕柱子就给墨子送来了十镒金，并说：“弟子不敢贪图财利，以违法纪送死。这十镒金，请老师收下吧！”镒是古代的重量单位，二十两为一镒，也有二十四两为一镒之说，总之十镒金不是个小数目。

当然，墨子的学生中也有不听话的，比如胜绰。墨子派胜绰到齐国大将项子牛那里做官，项子牛三次入侵鲁国，胜绰没有劝阻反而跟着去攻打鲁国。墨子得知大发雷霆，盛怒之下直接派弟子到齐国要求项子牛把胜绰辞了。这样的师生关系，在孔门师徒中是看不到的，也难怪人们称墨子为中国第一大哥大。

墨家的团体，管理系统完整，政治纲领明确，行动宣言一致。继墨子之后，墨家的最高领袖被称为“钜子”，其他人均自称“墨者”。服从钜子的领导与指挥是墨者的天职，要做到“赴汤蹈火，死不旋踵”。一旦弱国遭难，百姓罹苦，他们便立即前往救助，可谓是救人于水火的黑天使。

短片 3：贱人科学家

春秋战国是中国社会的大转型期。“古者学在官府”，夏、商和西周，官府完全控制着学校，只有王公贵族的子弟才有资格跟随王官学习，一般人是不能掌握文化知识的。周平王东迁，天子地位衰微，礼崩乐坏。一些王官散入各诸侯国，有的甚至流落民间。“学在官府”的局面被打破，私人办学兴起。比如孔子，只要学生送给他一串腊肉，行了“束脩”之礼，不论贵贱等级，都可以进入他的私学学习，这叫作“有教无类”。如此一来，有学问的人渐渐多了，成为知识分子的农民、商人、手工业者、市井游侠，便有了一个统一的名字——“士”。

墨子就是一个平民出身的士，身份低微，即使扬名四海了，他仍以“贱人”“鄙人”自称。可这个鄙贱之士相当与众不同，在先秦诸子普遍轻视下层体力劳动者的情况下，墨子始终不脱离生产实践和科学实验，他不仅在哲学、逻辑学上颇有建树，而且还是地地道道的科学家、发明家和工程师。还记得“小孔成像”吗？世界上第一个带领弟子做小孔成像实验的人就是墨子。墨子还发现了凸面镜成像的特点、焦距和物体成像的关系，也就是说，今天的光学理论在春秋战国之际已然装在了墨子的脑子里，加之，墨子精于机械制作，其作品之精巧和木匠的祖师爷公输般不相上下。

墨子的发现远不止于此，他还涉足力学、几何学、伦理学、心理学、法律学、经济学、建筑学等领域，墨子这个思想巨人的双脚扎扎实实地踩在实践科学的土地上，所以，说他是知行合一的大智者绝不是虚妄。如果您是自然科学的爱好者，或是对逻辑学感兴趣，那么翻翻《墨经》吧。

墨子讲的话是黑色的

“知者不言，言者不知”，“曲则全，枉则直”，这些观念至今影响着国人的表达方式。我们习惯了明明知道却装糊涂，习惯了说话的时候含蓄、隐晦、婉曲，这当然是一种沟通策略，然而这种策略却深深地内化成了华夏民族的性格。

墨子不会这么说话，他面对当权者腐败奢侈、玉衣锦食、恃强凌弱，而劳动者“饥不得食，寒不得衣，劳不得息”的境况，没有回避，也没有沉默，而是选择了直截了当地为老百姓喊出自己的声音。他的声音是黑色的，深沉而凝重。

墨子是个有态度的人。他虽是草根，却不是软弱的草根。从《墨子》中我们能够感受到他言语的锋芒，《非攻》《非乐》《非命》《非儒》，不是请求，不是商量，而是“非”，铿锵有力，掷地有声。墨子非常有原则性，他希望自己的一言一行都是为民争利。“攻伐不利于天下，且违背了‘义’；而非攻则有利于天下，且合乎‘义’。看来，战争对大多数人没有好处，所以必须反对。”这就是墨子。

有人说，墨子“入乎其内，出乎其外”。墨子也的确常常心里有什么就说什么，不留情面，哪怕对方是王。墨子弟子中有一个叫公尚过的，墨子派他到越国出仕做官，宣传墨家主张，结果越王对墨家之学大为叹服。越王表示如果公尚过能够说服墨子来越国施教，他将划过去属于吴国的五百里土地封赏墨子。公尚过信心满满地答应下来，就带着越王赐予的五十辆大车，每辆车由四匹大马拉着，到鲁国去接墨子。见到墨子，公尚过马上向他表明越王的心意："老师啊，我用您教给我的学说去劝说越王，他非常高兴，想要以五百里的土地和重金聘请您到越国任教。"可墨子听后并无喜色，反而郑重其事地问："依你之见，越王真的有这个志向吗？如果越王真的打算接受我的言论，采纳我的学说，我就去。假如越国只是花重金把我买了去，并不是真正地听取我的言论、践行我的学说，那我去了不就是在出卖'义'吗？既然要出卖'义'，我宁愿留在中原国家卖，何必跑到越国去！"

墨子说，讲话就得先有个讲话的根据和检验的标准。首先，得"上本之于古者圣王之事"，要考察历史；其次，得"下原察百姓耳目之实"，要了解实情；最后，得"观其中国家百姓人民之利"，要在实践中检验，看它是否符合国家、百姓、人民的利益。而儒者眼中的"依照古人的言谈举止行事的人才是君子"的评判标准在墨子看来完全没有必要，人的言行只要对国家人民有利就要积极去说、去做；儒生的话讲上千万句，如果仅仅是复述古人，又有什么用呢？比如池塘里的青蛙整天整天地叫，弄得口干舌燥，却从来没有人注意它。但是雄鸡，只在天亮时叫两三声，大家听到鸡啼知道天就要亮了，于是都注意它，所以话要说在有用的地方，实在、有理有据、有利于天下苍生，这才是"好话"。

墨子讲话不事雕琢，"意显而语质"，朴素得如同一块黑黑石头，人们只有用心打磨了才会发现它不是一般的石头，而是一块璞玉。他也打比方，但是不同于庄子的恣意奔放、博喻连篇，他打比方是论辩的需要，是其逻辑哲学中的一环。比如，巫马子曾问墨子："你兼爱天下，没有什么利；我不爱天下，也没有什么害。效果都没有达到，你为什么只认为自己正确，而认为我不正确呢？"墨子没有直接回答，而是说："现在这里有个人在放火，一个人捧着水将要浇灭它，另一个人拿着火苗，想使火烧得更旺，都还没有做成，在这两个人之中，你看重哪一个？"巫马子不假思索："当然是捧水的人啦！那个拿火苗的人，他的心意错了啊。"墨子微微一笑："我也认为我兼爱天下的用意是正确的，而你不爱天下的用意是错误的。"

关于墨子说话不讲文采这件事，楚王跟墨子的学生田鸠讨论过。田鸠给楚王讲了一个秦王嫁女的故事：秦王把女儿嫁到晋国去，他选了七十个女孩作为女儿的陪嫁，这七十个女孩都穿着华贵的衣服和公主一起来到了晋国。可是到了晋国之后，由于这七十个陪嫁的女孩容貌太漂亮了，穿的衣服也太好看了，所以晋国国君喜欢这七十个陪嫁的女孩而不喜欢秦国公主。在那个"一人之辩重于九鼎之宝，三寸之舌强于百万之师"的年代，会说华丽辞藻的人太多了，而辞藻往往会冲淡主题，君王们听到的是辞藻，又被辞藻所蛊惑，自然就会曲解或忽视了说话人真正要说的内容。墨子就是怕乱花迷了世人的眼，他才会讲话"质而不华，务申其意，而不驰骋其辞"的。

墨子就是这样一个实用主义者，后世公务文书的历史嬗变也验证了墨子的观点。汉武帝喜功崇文，时人为了迎合他歌功颂德、润色鸿业的需要，献赋得官。司马相如、扬雄等人就是例子。从此，浮华、繁冗之风渐起，当时担任太中大夫一职的东方朔，上书一篇文辞竟达十万言，被汉武帝当作巨著，大加赞美。由于汉武帝的喜好，原本是陈情国事的公文也成了各位大臣们展示文学才华的阵地。这一文风一直影响到隋唐。隋唐公文散、骈并存，但文风屡有变化，先有李谔上书以正文体，指点浮文之弊，后有韩愈、柳宗元发起“古文运动”，倡导词强理直、质朴务实的文风。到了明代，文牍主义发展到极致，主要表现为三点：行文多、行文长、行文空。不过，此时执掌国家大权的是一位农民出身的皇帝，来自于社会底层的朱元璋真真地体味了什么是“文牍主义害死人”。朱元璋手下有个叫茹太素的刑部主事，每上奏章动则七八千字，且语意艰涩，隐晦暗喻又多，每次朱元璋一看到他的长篇大论就头痛。一次，茹太素又上奏章了，朱元璋懒得看，就叫中书郎王敏念给他听。当念到六千三百七十字时，朱元璋火大了，说：“这到底是什么狗屁文章，咬文嚼字，没有重点，读了这么长时间我都不知道他要说什么！如此戏弄朕，岂可轻饶，去把他叫来！”茹太素来了，朱元璋先是对他一通数落，然后痛打了五十板子。第二天晚上，朱元璋又命王敏接着念，王敏边读边看着朱元璋，生怕他又光火。当念到“夫人无廉耻，不可以治也；不知礼义，不可以行法也。法能杀人，不能使人守廉；能刑贪者，不能使人知耻。故圣王在上，明好恶以示之，经非义以导之，亲贤廉而进之，贱贪婪而退之”时，朱元璋跳起来问王敏总共念多少字了，王敏答约一万六千五百字了。于是朱元璋大骂：“都是些不痛不痒的废话！”整个奏章读下来，最后发现茹太素共建议五件事，有四件可取，而这五件事只要五百字足矣。

今天，我们仍旧在提倡要言不烦、言之有物的语言文字作风。其实，文风只是表象，真正把天下苍生放在心里，那么说出的话、写下的字必然也就少了假、长、空的弊病。

今天的墨子是个黑户

以今天的户籍制度衡量，墨子是个黑户，他在绵长的历史中丢失了自己的生卒日期，丢失了里籍、家庭住址和亲属关系。厚重的《史记》没有给墨子立传，对他的身世也只是模糊的寥寥数语："盖墨翟，宋之大夫，善守御、为节用。或曰并孔子时，或曰在其后。"（《史记·孟子荀卿列传》）司马迁这一笔似乎表明，关于墨子的记忆，早在西汉时就已所剩无几。

现存史料的语焉不详是造成他身世无处安放的一个原因，就以他的籍贯来说吧，史书上没有明确地道出墨子祖籍哪里、生于何处，于是后世的大家们开始了漫长的为墨子寻根之路，最终影响较大的说法有四种：其一，楚国；其二，宋国；其三，鲁国；其四，印度或阿拉伯。每种说法的开创者都在浩繁史书中找到了沉甸甸的"证据"来证实自己的猜测。

究其原因，倒不是说墨子和老子、鬼谷子一样，隐逸谲诈、神秘莫测，而是因为他对诸侯国等而视之，不偏私地帮助任何一个即将遭遇侵略的国家，并对每个他援助过的国家都怀有乡土之情。这让后人很难从情感上判断究竟他更爱哪里，哪里才是他的故乡。

这一年，楚国来了一个叫公输般的人。他本是鲁国人，又因

“般”、“盘”、“班”三字古音相近而通用，所以后人更习惯叫他鲁班。今天的公输般被敬奉为中国土木工匠的祖师爷，然而当时的他不过是个匠人，要靠自己的手艺和劳作来养家糊口。公输般行走四方，招徕主顾，这一次，他是受楚惠王之邀来为楚国制造新式武器的。

公输般没有辜负楚王的期望，他为楚国发明了一套攻城装备，其中最厉害的要数云梯了。云梯是非同一般的梯子，它高大的身形，专门对付固若金汤的城墙，于是公输般怂恿楚王用云梯去攻打宋国。

墨子听说楚欲攻宋，马上整理了行装，简单地交代了一下家中的事务，就从鲁国出发，只身踏上了去楚国的路途。

楚国实在太远了，用今天的政区概念，那是从山东到湖北的距离。墨子走啊走，脚割伤了，脚底磨起的血泡破了，他就从衣服上撕下块布裹好继续前行，就这样不眠不休地走了十天十夜，终于到达了楚国的都城郢。

墨子先去拜访已提拔为楚国大夫的公输般。他没有直接讲明来意，而是请求公输般：“北方有个人侮辱了我，请您帮我去杀了他吧。我给您二百两黄金作为酬劳。”

公输般一听沉了脸，冷冷地回答道：“我公输般是讲仁义的人，怎么会为金钱杀人呢？”

墨子微微一笑：“我听说您为楚王制造了云梯要去攻打宋国，请问先生，宋国有什么罪吗？”

公输般在心里“哦”了一声，“原来是为了这件事来的”。他深知墨家辩才的厉害，便低头看着鞋尖，默不作答。

墨子斜了他一眼，继续问道：“楚国本来就地广人稀，一打仗，必然要牺牲本国稀缺的人口，去争夺完全不需要的土地，这样做明智吗？再说，宋国本没有罪却要去打它，这恐怕称不上仁义吧？

先生您若是知道攻打宋国是不义的，却不去劝说楚王，那是您不忠；若是您劝说了，却没成功，那是您本事还不够。您说为了义不能替我杀人，可现在却要去杀千千万万的人，呵呵，这——先生，您怎么看？”

不智不仁、不忠不义，墨子给公输般扣上的这顶帽子可不轻，公输般一时难于辩驳，但又不能做楚王的主取消攻打宋国的计划，于是，就带着墨子去见楚王。

墨子见到楚王后，用的也是远譬近喻的方法。墨子说：“有那么一个人，自己有好车却还去偷别人的破车，自己有一屋子华美的衣服却还去偷别人破旧的衣衫，自己有山珍海味可以享用却还去偷别人难下咽的粗茶糟糠，真不知道这个人是怎么啦。”

楚王哈哈大笑道：“这人一定是有偷盗癖。”

接着墨子比较了强大楚国与弱小宋国的土地和物产，告诉楚王他现在要做的事情就是和患有偷盗癖的人别无二致。楚王听得冷汗淋漓，他满脸无奈地说：“先生，我明白您的意思，也觉得您说得在理，可是，云梯已经造好了啊。”

墨子听出了楚王的言外之意，果断地说：“您攻打宋国也未必能赢。”墨子解下腰带当作城墙，从楚王的桌上拿了些竹片当作守备的武器，和公输般二人席地而坐，开始了一场没有硝烟的攻防战。他们一个用云梯攻城，一个就用火箭护城；一个用撞车撞城门，一个就用滚木礌石砸撞车；一个用地道，一个就用烟熏；一个用火攻，一个就用水淹……公输般自恃有才，陈设了九种攻城用的器械；墨子兵来将挡，也拿出九种针锋相对的破解方法，杀得公输般汗流浃背。公输般的攻城兵器用尽了，而墨子的守御器械还绰绰有余。墨子摆弄着手中剩余的破解器材，望着黔驴技穷的公输般，希望他能痛快认输，谁知公输般猛地抬起头，直视墨子，说：“我知道用什么方法对付你了，但我不说。”墨子笑笑说：“我知道你想的是什么，我也不说。”楚王在看二人模拟拼杀进退时就云里雾里，不明所以，听到这俩人开始打哑谜，更加疑惑不解。他求助似的望向墨子，墨子微微一笑：“他的意思不过是要杀了我。他以为除掉了我，宋国就没有抗争的力量了。可是，在我到郢都前，我已经派出弟子三百人由禽滑釐率领，手持防御武器，在宋国的都城上等着你们呢。”楚王一听，看来此次攻打宋国必然徒劳无功，只好放弃了攻宋的念想。

这里要讲明一个问题，公输般虽曾对墨子起过杀心，但实乃当时情境突发奇想，毕竟杀死墨子也是攻城策略的一种，至于当下网游、剧作中描绘的两族之间的争斗啊，纠缠不休的世仇啊，都不过是后人意淫的产物。事实上，公输般与墨子可谓战国发明家中的双子星，一攻一守，相映成趣。有墨子在，公输般就不寂寞，两位大师亦敌亦友，相爱相杀。

墨子挽救了宋国，于是，人们说，墨子是爱宋国的，不然怎么会风尘仆仆、千里迢迢地从鲁国跑到楚国去救宋国，怎么会让自己三百多个弟子去宋国慷慨赴死？所以，墨子更爱宋国；所以，他的老家是宋国。可墨子还曾止齐伐鲁、止楚伐郑，这又作何解释？其实，哪里将有战事，哪里就会出现墨子的身影，以天下为己任的墨子，纵横四海处处为家。他是一个泛国家主义者，我们永远不会知道他更爱哪一个诸侯国，因为在他的眼中，没有个别国家，只有一个天下。

墨子止楚攻宋的故事还没完。从郢都归来，墨子行至宋国，适逢大雨，墨子想到里巷大门内避过了雨头再走，却被两个执戈的守门人赶了出去。看来，墨子是不是宋国人不能确定，而宋国人不识他们的救主是肯定的了。

二

世界因爱而温美

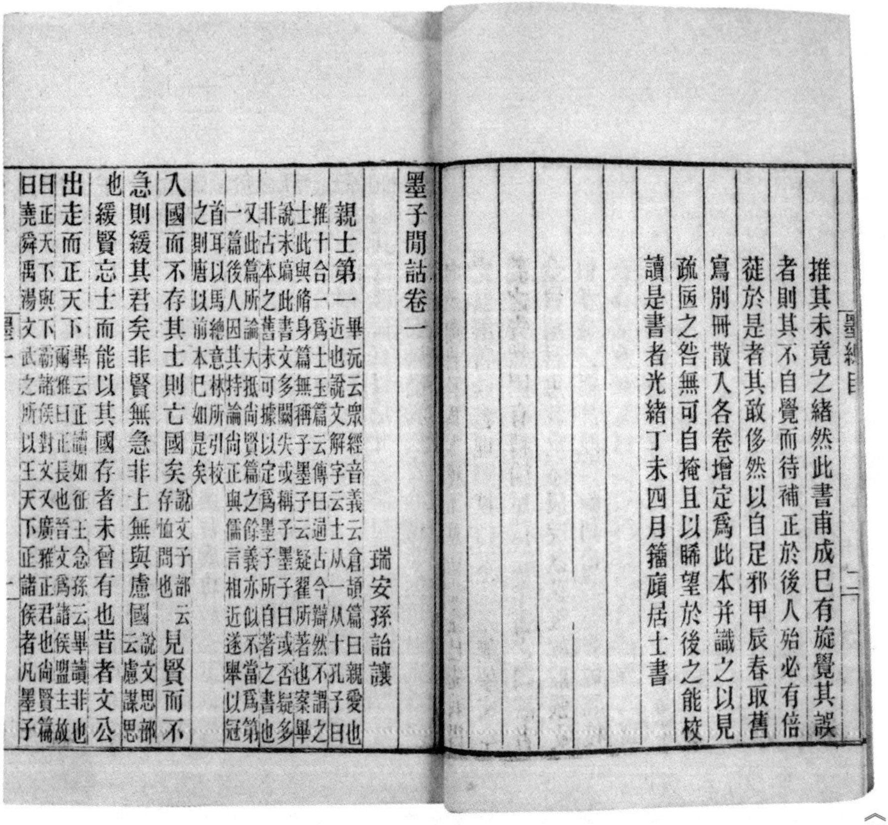
推其未竟之緒然此書甫成巳有旋覺其誤者則其不自覺而待補正於後人殆必有倍蓰於是者其敢侈然以自足邪甲辰春取舊寫別冊散入各卷增定爲此本并識之以見疏陋之咎無可自掩且以睎望於後之能校讀是書者光緒丁未四月籀廎居士書

墨子閒詁卷一

瑞安孫詒讓

親士第一畢沅云衆經音義云倉頡篇曰親愛也近也說文解字云士从一从十孔子曰推十合一爲士玉篇云傳曰通古今辯然不謂之士此與脩身篇無稱子墨子云疑翟所著也案畢說未塙此書文多闕失或稱子墨子曰或否疑多非古本之舊未可據以定爲墨子所自著之書也又此篇所論大抵尚賢篇之餘義亦似不當爲第一篇後人因其持論尚正與儒言相近遂舉以冠首耳以馬總意林所引校之則唐以前本已如是矣

入國而不存其士則亡國矣說文子部云存恤問也見賢而不急則緩其君矣非賢無急非士無與慮國說文思部云慮謀思也緩賢忘士而能以其國存者未曾有也昔者文公出走而正天下畢云正讀如征王念孫云畢讀非也爾雅曰正長也晉文爲諸侯盟主故曰正天下與下霸諸侯對文又廣雅正君也尚賢篇曰堯舜禹湯文武之所以王天下正諸侯者凡墨子

《墨子閒诂》书影（据清宣统间刊本）

近年来，媒体的透明度越来越高，我们认知的世界由原来的很“丰满”变得越来越“骨感”。地震、暴雨、塌陷、食品安全问题、药品安全问题……噩耗总是多过喜讯。但困难也好，灾难也罢，只要我们仍旧信仰爱、传播爱、实践爱，那么困难就不会演变成灾难，绝望就会萌生出希望。荷尔德林说：“当他爱时，人是太阳，看见一切，照彻万物；当他不爱时，人是灰暗的居室，燃着一盏昏黄的灯。”

爱是正能量

宇宙是个能量场，如同日光下的海洋。镜子般的海面下，一切皆是动相。万物生，各得其所，彼此的振波交织、缠绕、舞蹈；万物循环，变换着奇迹，温和而坚忍地破茧成蝶、生生不息。其中的人类也同样经历着生长的痛苦。

生活在公元前6世纪至公元前4世纪之间的古希腊人是幸福的，虽然也有大战事，却丝毫不影响人们的美丽心情。和风旭日中，雅典公民们在卫城祭祀神灵，在古市场听《史诗》朗诵，开公民大会，看别人打官司。或是某一日，聚在友人的宴饮席上，推杯换盏间敏感地捕捉着生活中的快乐，谈笑风生以释放身体内充沛的热量。而地球的另一端，长江、黄河岸边，这一处战火纷飞、杀声震天，那一处万物萧瑟、万籁俱寂。悲怆的国度从来不缺乏厚重的思想者，他们有的坐着车，有的骑着牛，有的穿着草鞋到处走……

坐车的说，这天下要想好起来，只能靠“克己复礼，天下归仁”。这里的“礼”不是夏、商之礼，而是一系列有着严格的君臣、父子、兄弟、亲疏、尊卑、贵贱礼仪制度的周礼。不符合周礼的事情，就不要看，不要听，不要说，不要做。让我们用道德和礼制的力量，把破碎的周王朝重新凝聚起来吧，重新回到和谐的“尊尊”“亲亲”的关系中。只有重建西周传统的人文秩序，以德为政，以礼服人，天下才能安宁。

骑牛的说，世上的乱啊，究其根源是因为人丧失了纯真的天性，抛离了婴儿式的自然，却沾染了各种虚饰和杂念的烦恼。人心一旦被外物或世俗陈规所束缚、所魅惑，人的质朴本性就完全被泯灭了，就像好好的一株梅被植入到盆子里，用刀砍掉不合意的枝杈，用棕绳束着茎叶，梅的枝干横斜、疏朗、曲折地生长，长还是在长，梅却已经成了株病梅。其实，世间若是没有聪慧与愚拙的分别，人民得到的利益会增加百倍；若是没有仁与不仁的分别，人民会从自然根本上释放出凝聚力、亲和力；若是没有利益多少的分别，根本就不会有盗贼这种职业。所以，“见素抱朴”“绝学无忧”“少私寡欲”才是治国之道。返本归真吧，做一个无私无欲、超然于物的人，重新回到那种“鸡犬之声相闻，民至老死不相往来”的“小国寡民”时代，每个人都干净如处子，哪里还会有什么矛盾纷争呢？

穿草鞋的停下了匆匆脚步，他认真思忖后才开口道，我们墨者认为，复古和出世都不是办法。圣人是以治理天下为己任的，他要治理天下就必须先知道混乱纷争的源头在哪儿。这和医生给人治病是同一个道理。若是行医之人连病根都找不准，头痛医头，脚痛医脚，怎么能彻底地根除病人的疾苦呢？在我们墨者看来，当下，华夏大地满目疮痍，暴乱四起，民不聊生，这一切不美好的产生，归根究底，是因为人间缺少了爱。

爱，是世界上神奇而伟大的能量，谁也说不清它究竟是什么。然而，从人类可以表达情感的那一刻起，它就深深地植入到了这个种群的DNA里，成为一种与生俱来的能力。爱让人的栖息之所温暖而美好，无论是凄风苦雨，还是漂泊异乡，当我们体味爱时，也同样体味着人世间心与心的交响，光和暖的奏鸣。那些濡养在爱中的人渐渐地培养出感恩、尊重、谦和、善良的品性，生活中自然而然地被人爱、爱别人，也自然而然地向外传递着这份正能量。人人皆相爱，天下无公害，这世道便也自然而然地祥和、昌泰起来。

遥想当年先祖舜，在历山开荒，勤耕苦作，打下了一季的粮食，他没有偷偷地私藏起来，而是把它们分给了处处虐待他的家人和缺粮的陌生人家。授人以鱼，不如授人以渔，于是，舜动员历山的百姓一起垦荒种地，并毫无保留地传授耕作的方法，怎样下种，怎样护苗，怎样收获，知无不言言无不尽。要是哪家缺了劳力或是家人体弱多病，舜就扔下自家地里的活计，帮着那些需要帮助的人，以免误了农时。舜的故事不胫而走，越来越多的人迁徙到历山来垦荒种地，历山也酿造出一种友善、温馨、互帮互助的氛围。

苦心经营着历山之余，舜也常到雷泽捕鱼。雷泽湖源出雷首山，流水舒缓，沿岸芦苇成带，水草丰茂，是个天然渔场，到这里捕鱼的人很多。由于捕鱼人来自四面八方，方法各异，一天下来，捕的鱼有多有少。久而久之，相互之间嫉妒、争执、纠纷也就产生了，时常还会有为争夺好的地盘而大打出手的事情发生。舜下决心改变这种局面。一次，同村姚圩人的渔场被另外一个村子的人夺走了，姚圩人不服，欲大动干戈。舜及时赶到，劝姚圩人将渔场让给人家，并许诺说，他保证另外给村里人找一处好渔场，同时，如果村里打鱼的人中有人愿意种地的，他可以拿出好地来作为补偿。舜的真诚、谦恭、乐善好施感染着所有捕鱼的人，此后，人们互让渔场，彼此帮扶的事比比皆是。

“舜兼爱百姓，务利天下……故有光若日月，天下归于若父母。”（《尸子辑本》）可现在，人们只想着自利却不能相爱。儿子爱自己不爱父亲，就会做“啃老族”，榨干了父亲的血汗来满足膨胀的物质欲望；弟弟爱自己不爱兄长，就会千方百计地搜刮兄长的钱财或是处心积虑地抢兄长心爱的女人；臣下爱自己不爱君主，就会为了不伤害自己而找各种借口明哲保身，甚至不惜出卖君主对他的信任，拿国家的利益去做交易；而君主爱自己不爱臣民，就会随心所欲地使唤臣民，为了满足他的虚荣而让臣子做超出体能负荷的工作却不给予任何补偿，风刀霜剑严相逼。“天下兼相爱则治，交相恶则乱。”人人如此，这世道怎会不混乱？

所以，要消除父不慈子不孝、兄不爱弟不悌、君不仁臣不忠的混乱，最好的办法是人与人之间彼此相爱；要消除世上的盗窃、抢劫、强占等罪行，最好的办法是家庭之间彼此相爱；要消除战争带来的痛楚，最好的办法是国君们彼此相爱。

需要强调的是，墨者所说的“爱”与儒生们讲的“仁爱”不同，它是“兼爱”，是不分你我、不分贵贱、不论贫富、不讲种族、不管血缘、不论国度的彼此相爱。您也许会说，趋利避害是人的本性，人天生偏向自己。的确，“虽有贤君，不爱无功之臣；虽有慈父，不爱无益之子”（《墨子·亲士》），利益是个人生存中不可或缺乃至多多益善的资源。如果我们说，“相爱吧，放弃一切的功名与利益”，世上能够接受这种想法的人也许不少，但真正去做的恐怕寥寥无几。与其极力扼杀人对于利的希冀，何不因势利导，“以兼相爱、交相利之法易之”（《墨子·兼爱中》），号召所有人在社会活动中用一颗爱人之心去对待别人，相互帮助、互惠互利，这样大家彼此都能够得到利，既满足了各自的欲求，又避免了相互之间的敌视与争斗，岂不是比损人利己更好？

爱要坦荡荡

爱是一个崇高的字眼，因为崇高，所以圣洁。于是，人们眼中的爱往往是晶莹无瑕的，如美玉，如钻石。似乎谈爱就该不染凡尘，谈爱就该心无旁骛，谈爱就要纯粹、高尚，要脱离低级趣味。谈爱时若是掺杂了票子、车子、房子这些物质元素，爱就脏了，失真了，如同堕入泥淖的精灵，纵有千般魔法也会招人掩鼻、被人耻笑。

那怎样才能成为一个“爱人”的人？孔子告诉弟子樊迟，仁者爱人。在家孝顺父母，亲爱兄弟；出门尊敬长辈，说话做事谨慎；对朋友讲信用，对大众友爱；乐于亲近有仁德的人，乐于花精力和时间去学习有益的学问。孔子又总结说：“能行五者于天下为仁矣……恭、宽、信、敏、惠。”（《论语·阳货》）恭敬他人、宽容他人、信守承诺、行动敏捷、宽厚待人，如果一个人能做好这五个方面，那就是仁爱天下了。所以，爱你，我会对你微笑、对你谦和、对你行拱手礼、为你说到做到。可见，儒家的“爱人”就是行“义”，在儒生眼中，爱他人，首要是做好自己，遇事时能够保持谦谦君子的风度，能够采取适宜、恰当的行为，能够在道德允许范围内处理一切关系。

“君子喻于义，小人喻于利。”（《论语·里仁》）儒生们秉承孔子的理念，坚信道德远远比物质高级，求德的人远远比求财的人高尚。要博爱天下，就要以道德为本原。德行高尚的人怎么可以时常把利益挂在嘴边呢？万万不能。真正的儒生君子，只要道德上、精神上是富足的，即使物质生活再贫乏，也能自得其乐地寻找到幸福，比如颜回就是个好榜样，“一箪食，一瓢饮，在陋巷，人不堪其忧，回也不改其乐”（《论语·雍也》）。再者说，一个人如果一切都依照是否能带来物质利益而行事的话，难免招致他人的怨恨。所以，孔子告诫弟子们，君子当“罕言利”（《论语·里仁》）。

墨子努力地摇着头，不、不、不，儒生们，你们为什么要在心里蔑视“利”呢？你们为什么那么狭隘地理解利呢？利，不仅仅是私利和利己，还有公利、利他和互利。人与人交往，就是要让别人过得好，让自己过得好，“兼而爱之，从而利之”，每个人都过得好了，纷争自然就会减少，社会自然就会安定平和。人人安居乐业，国家昌盛太平，这是多么美好的一幅爱的画卷啊！

其实，追利没什么不好，儒生心中的这个庸俗字眼却实实在在地是人一切活动的总动力。当然，自私狭隘是乱世之因。如“亏父而自利”“亏子而自利”“亏兄而自利”“亏弟而自利”“亏君而自利”“亏臣而自利”“乱异家以利其家”“攻异国以利其国”（《墨子·兼爱上》），这些令社会失去和谐的杂音，皆为源于自私狭隘的结果。追求财富和道德并不矛盾，只要不伤害他人，对利益的追求就是道德的。如果说道德是追求利益所应遵循的准则，那么，利益就是道德行为带来的果实和收获。

一个真正懂得爱的人，他的心里装的是别人的生活，而不是如何去说教自己的伦理道德。日子都过不下去了，还谈什么谦恭敬让，仁爱世人？据《墨子·非儒》篇说，当年孔子困于陈蔡之间，所有的干粮都吃光了，孔子和一众弟子只能每日以野菜汤为食，个个饿得虚弱乏力。到了第十天，子路不知从何处擒来一只小猪，将蒸熟的肉献给孔子，孔子并不询问肉的来历，拿起就吃。佳肴应有美酒相佐，子路又将别人的衣服扒下来换来一壶酒给孔子，孔子也是端起酒就喝。可是，待到鲁哀公迎接孔子，席子摆得不正他不坐，肉割得不正他不吃。子路想不明白了："先生，您现在的表现怎么和在陈蔡受困时判若两人啊？"孔子轻叹一口气，道："来！我告诉你，当时我和你急于求生，现在我们两个该求'义'了。"看来，儒家的礼仪和道义也是建立在温饱基础上的，困窘之时，他们首先想的也是吃饭穿衣的问题，因此又何必谈利色变呢？

墨者和儒生不一样，他们说起利来坦荡荡的，甚至认为爱就是利，"兼而爱之，从而利之"。墨者们整日里思虑的是："邻人们吃得好不好？穿得暖不暖？家用够不够？房屋有没有？"如上种种，无论哪个都与钱财相关。墨者们会不惜气力和钱财来帮助他人过上富裕的日子，会把别人的冷暖放在心上，会用自己的钱去资助那些有需要的人。他们会教不懂稼穑的人如何种地，会为面临战祸的人民争取一份安宁。而且，他们在做这些事情的时候，破釜沉舟，义无反顾，因为他们知道，"有力以劳人，有财以分人"（《墨子·鲁问》）才是真正的义。更何况，爱邻人如爱己，不仅是过程也是结果，别人活不了，自己最终也活不好，爱别人其实是一种个人保险，只是绝大多数人都很近视，看不到这种长期投资的价值罢了。

凡人如此，国君亦如此。对于一个国家来说，还有什么比缺乏基本生活资料更可怕的呢？物品匮乏是任何一个国家不愿面对的深重忧患，国君必须把基本生活资料尤其是粮食的生产当作头等重要的事情来对待。"食者，国之宝也……圣人之所宝也。"（《墨子·七患》）关注国计民生，首要就是关注人民的吃饭问题。老百姓饥饿难耐、颠沛流离，国君您不但视而不见，不派人送粮解百姓于水火，却还讲究礼数地大搞钟鼓琴瑟之声，或是修造大楼佯装阔气，或是倾尽财宝款待来客，您可知祸患就在不远处伺机而动呢。能配得上国君称呼的人，请不要只是口口声声地喊着：“子民啊，百姓啊，我爱你们！”想那大禹遭遇七年大水，商汤遭遇五年大旱，五谷杂粮颗粒无收，却没有出现冻死饿死的情况，那才是真正爱民的不朽政绩，那才是一个好国君要认真研究的问题。

爱不是空洞抽象，不是口头说说，而是实实在在的，有实质内容的。对面包牛奶避而不谈的爱，如同气球一样轻飘飘地浮在空中，你所爱的人望向它时，头脑里想的却是今天要露宿哪里，今天的晚餐在何处，他哪还有心思去触碰捕捉你的爱呢？儒生啊，君王啊，你们听着！什么是爱？你爱他，就要为他赢得一片天下，没有饥饿，没有寒冷，没有伤痛，没有为生存无助而发出的慨叹，也没有与亲人生离死别流下的泪水。爱不是你自己情感的宣泄，更不是口号、标榜，而是给予他人幸福和从他处获得幸福。

爱人如爱己

“爱人如己”最早源于中文和合本《圣经》。“不可报仇，也不可埋怨你本国的子民，却要爱人如己。”（《旧约全书·利未记》）“尽心，尽智，尽力爱他，又爱人如己，就比一切燔祭和各样祭祀好得多。”（《新约全书·马可福音》）“经上记着说，要爱人如己。你们若全守这至尊的律法才是好的。”（《新约全书·雅各书》）……《圣经》中多次提示人们要恪守爱人如己的诫命。“爱就是天主的本体”（圣伯尔纳《致嘉都西会士论爱德书》），既然上帝是爱，那么上帝创造的一切作品都应该彰显着爱的灵魂，无论山川、日月、草木、虫鱼、你我。

童贞女玛利亚感圣灵而孕，生下了耶稣。耶稣作为人子的一生是短暂的，在耶路撒冷遭受长老、司祭、经师、法利赛人的迫害，他明知如此却义无反顾，为了救赎世人，当他被钉上十字架时，人类在十字架上看到了上帝的圣光和大爱。

在中国同样出现了一位力图用博爱挽救世人痛苦的智者——墨子。他对爱的理解是：爱有天意，爱人如己。

墨子说：“为彼者，犹为己也。”拿时下语言翻译，就是“我为人人”、“爱人如己”。

爱人如己，首先，不加害于人，这是一条不可突破的道德底线。要做到这一点，就要对抗自己的物欲情欲。不可因为个人的欲望而伤害他人，哪怕那种欲望的满足足够甜蜜，娇艳欲滴。墨子说，害人即是害己，如同飞蛾扑火难求脱身之途。当然，如果人们能够将"彼"与"己"等而视之，就不会有害人之心了。正常人多半不会处心积虑地戕害自己的身体和利益，所以，当面对甜蜜诱惑与人性良知的选择时，请把他所在的国当作自己的国，把他所在的城当成自己的城，把他所在的家当成自己的家，"各美其美，美人之美，美美与共，天下大同"。

在处理"彼"与"己"的关系时，我们要学会主动地关爱他人。试问：谁不想获得别人的尊重呢？肯定想。如果他愿意，那我对他就要多尊重一点。谁有困难不想得到别人的帮助呢？肯定想。如果他愿意，那我就要尽量帮帮他。谁伤心的时候不想得到别人的安慰呢？肯定想。如果他愿意，那我就应当去劝慰。如此等等，将心比心。但在我们将心比心之时，也不要违了对方的意。人总是喜欢按照自己喜欢的方式来成全别人，往往会较少地顾及别人的所思所想、所喜所忌，也往往会好心办错事。燕太子丹曾在华阳台置酒宴请荆轲，一美貌女子抚琴助兴，荆轲夸那女子有双妙手，太子丹就让人把女子的手砍下来用玉盘盛着送给荆轲。真不知荆轲看到断手的刹那是怎样的心情，心中不会仅仅激荡着知遇之恩吧？每每想到这个故事，我也会自作主张地为荆轲痛一下，一句话却换来了一生都无法弥补的歉疚，良心何安！看来，我们都太习惯用自己的心思去揣度别人了。锦上添花固然可喜，但雪中送炭才尤为可贵，关爱别人的前提是了解与尊重，了解对方的想法，尊重对方的意愿。有个叫卡耐基的美国人说，他每次去钓鱼的时候不会想他所喜欢吃的东西，而是想这些鱼儿喜欢吃什么，他会在鱼钩上挂上一条蚯蚓而不是草莓做诱饵，因为鱼儿要的是蚯蚓。

“为彼者，犹为己也。”简简单单的一句话，千万别小瞧了它的力量。把别人当成自己，把一颗懂得爱的心奉献出来，付出爱的人并未失去什么，反而成就了自己。

战国时，梁国有一位叫宋就的大夫，曾经做过梁楚交界的一个边境县的县令。梁国的边境兵营和楚国的边境兵营都种瓜，各有各的方法。梁国戍边的人勤劳努力，经常浇灌他们的瓜田，所以瓜长得很喜人；楚国士兵懒惰，很少去地里打理，所以他们的瓜长得不怎么样。楚国县令就因为梁国的瓜好，怒责楚国士兵没用。楚兵心中那个恨啊，于是夜晚偷偷跑去梁国翻动梁兵的瓜，一来二去，梁国的瓜好多都枯死了。梁兵大为不解，为什么好好的瓜长着长着就死了呢？他们在夜里加派人手，终于发现了楚兵的小动作，梁兵们哪忍得了这个，第二天一早就请求县尉允许他们夜袭楚营的瓜田，也如法炮制地实施报复。县尉把士兵的想法报给宋就，宋就听后说：“唉！这怎么行呢？结下了仇怨，是惹祸的根苗呀。人家使坏你也跟着使坏，怎么心胸狭小得这样厉害！我教给你们个办法，从今天起每天晚上咱们都派人过去，帮楚国的士兵好好地浇灌他们的瓜园。这事要保密，不要让他们知道。”于是梁国士兵就在每天夜间偷偷地跑去楚国浇瓜。楚国士兵早晨去瓜园巡视，发现已经都浇过水了，瓜也一天比一天长得好。惊讶之余，他们也加派人手注意查看，才知是梁国士兵干的。楚国县令把这事详细地报告给楚王，楚王听了之后，又忧愁又惭愧，因为他正谋划着攻打梁国，这样一来梁兵浇瓜倒成了他的心病。楚王对主管官吏说：“调查一下那些到人家瓜田里捣乱的人，他们莫非还有其他罪过吗？这是梁国人在暗中责备我们呀。”接着就拿出丰厚的礼物，向宋就表示歉意，并请求与梁王结交。看来，宋就的以德报怨不仅解决了边境纠纷，还救了他的国家。

刘向《新序》里的这则故事告诉我们，把别人当作自己来爱，并没有那么难。只是我们要做到这一点，一定要在心态上跳出防人和自保的窠臼，敢于用一颗开放的心去面对问题，毕竟，人人都有爱人的能力。爱的能力从何而来？《墨子·天志》中说，爱是天意。“有力者疾以助人，有财者勉以分人，有道者劝以教人”（《鲁问》），这不是人的选择，而是天之意，是上苍给予人类的礼物。老天赐予了人类爱的本能，就是希望人们能够“有力相营，有道相教，有财相分”（《墨子·天志》）。

正是因为墨子劝人相爱，爱人如己，梁启超在《先秦政治思想史》中评价道：“古今中外哲人中，同情心之厚，义务观念之强，牺牲精神之富，基督而外，墨子而已……若有人把他钉在十字架上，他一定含笑不悔。”

孙中山先生对墨子十分推崇，称他为平等、博爱的中国宗师。他曾说：“古时最讲‘爱’字的莫过于墨子。墨子所讲的兼爱，与耶稣所讲的博爱是一样的。”墨子爱人如己的目的是为了天下不再有战乱，世间不再有罪行。为了人民可以安定地耕作、纺织、生活，一切爱的出发点都在于成就人；与基督教的博爱相比，墨子的爱，更注重于世俗意义。

大爱无疆界

被仁爱思想熏陶了几千年的我们，处事时常常有薄厚的区别。因为仁爱教我们爱要“别”，爱是建立在“亲亲”的血缘关系之上的，首先是对父母孝，对兄长悌，对朋友信，然后才是“泛爱众”“老吾老以及人之老，幼吾幼以及人之幼”。这样一来，与我有关的人我先爱，与我无关的人请等一下，等我爱完我的家人、我的朋友、我的同窗、我的邻居、我的同乡后再来爱你。这种以对父母兄弟之爱为同心圆的圆心，层层外推，逐渐扩充到宗族、国家、天下的爱，其核心还是自己。

而另一种爱是宏大的，它没有亲疏远近，它是无差别的，它不只停留在亲人之间、恋人之间、朋友之间，更散播于芸芸众生之间。墨子把这种爱叫作“兼”。所谓兼，就是不分人我彼此，不分贵贱贫富，视一切国如己之国，视一切家如己之家，爱一切人之身若爱己之身；“兼爱”是哪怕爱的过程之后会经历切肤之痛也义无反顾，哪怕要面对别人的不解与悲叹也会一笑置之，这就是人性的伟大。我相信，在人性光辉闪耀的一刹那，爱是一种本能。

爱要做出来

人在认知事物时，往往会先做一个初步的判断——它对我有用或者有利吗？然后再决定是不是要花心思去了解，这就是心理学上所说的，我们都戴着自己的认知偏见的有色眼镜有选择性地看待世界。兼爱听起来像是一个美好的梦，就如同一直以来我们从课本里接受到的关于未来世界里天下大同的美好愿景一样，然而，理想很丰满，现实很骨感，“兼相爱”能实现吗？

墨子说，兼爱决非遥不可及的梦想，更不是抽象的教条，相反，它是完全可以贯彻执行的主张，完全可以应用于现实社会。一个理论如果不能应用，那么即使是我个人的理论我也坚决反对。凡是好理论都具有可行性，如若没有可行性，再坚定的声音听起来也会是苍白的，反而成了学说体系的阿喀琉斯之踵。

我们来打个比方：现在如果有两个人，一个主张“别相恶”，一个主张“兼相爱”。主张“别相恶”的人说：“我怎能视朋友的身体为自己的身体，将朋友的父母当成自己的父母呢？我的就是我的，他的就是他的。”于是，他的朋友说“我饿了”，他听而不闻；他的朋友没有衣服避寒、瑟瑟发抖，他视而不见；他的朋友生病了，他也不会花自己的钱请医生来帮朋友医治；他的朋友死掉了，他更不会为他操持丧礼。“别相恶”的人说到做到，自己的就是自己的，别人生死与自己无关。而那个主张“兼相爱”的人则说：“要想做个天下的高士，必须对待朋友就像对待自己一样，对待朋友的父母就像对待自己的父母一样。”于是，看到朋友饿了，他主动给他饭吃；朋友冷了，他主动为他披上衣服；朋友病了，他主动请来医生；朋友死了，他会悲痛地将其埋葬。这样的两个人，哪一个善哪一个恶呢？你会选择哪个做朋友呢？假如有天你披坚执锐，行将走向生死未卜的疆场，或是你奉国君之命去往遥远荒僻的边疆却不知何时是归期，那么你会将妻子儿女、身家财产托付给谁呢？是主张“别相恶”的人，还是主张“兼相爱”的人呢？结果不言而喻，没有谁愚蠢到会选择那个主张“别相恶”的人，因为大家都分得清哪个善良，哪个冷漠。这难道不是对“兼相爱”的肯定吗？

也许，有人会觉得这不过是择友之道，是别人的事情，可是，作为一国之君就得与众不同，选“兼相爱”的人做国君合适吗？会不会少了几分气魄和霸气？

墨子说，我们再打个比方。假若有两个国君，一个主张“兼相爱”，一个主张“别相恶”。主张“别相恶”的国君说：“人生在世就像白驹过隙一样短暂，我怎能视天下百姓的身体如同自己的身体呢？这太不合乎情理了。”他是这么想的，也是这么做的。于是，百姓号寒啼饥，他不设法赈济；疫疠流行，他不想法治疗；死尸遍野，他也不为那些饿死、冻死、病死、战死的百姓料理后事。而主张“兼相爱”的国君则说：“贤明君主，就该视天下万民的身体为自己的身体啊。”他这样说，也会这样做，时时刻刻将百姓的冷暖系在心上，真心实意造福百姓，不遗余力地解决民生问题，心头有百姓、肩上有担当。那么敢问，如果当下瘟疫肆虐，老百姓因为劳苦冻饿而死于沟壑之中的不计其数，这个时候，让你来选一个国君，主张“别相恶”的和主张“兼相爱”的，你会选哪一个呢？同样，只要不是愚钝的人一定会选择主张“兼相爱”的国君。可见，“兼相爱”不是什么不可理喻的想法，它是可行的。

“兼相爱”，在远古圣王那儿就曾真正地实行过。《尚书·泰誓》里把周文王比作太阳、月亮，光耀四海，普照大地，这说明文王兼爱一切，没有偏私；《尚书·禹誓》里说，大禹征伐有苗，既不为求荣华富贵，也不为拥有声色犬马的生活，而是为了除天下之害，兴天下之利，说明大禹也是一位践行兼爱的君王。此外，还有商汤王、周武王等仁义之君，所以说推行兼爱早有先例，并不是不可完成的任务，只不过是当今的君王不想这样做罢了。

推行兼爱并不是天下最困难的事情，有些事比这难多了。

“楚王好细腰，宫中多饿死。”楚灵王喜欢细腰，于是楚国的大夫们一天只吃一顿饭，以至于饿得要人扶着才能站起来，扶着墙才能勉强走路。所有有过长期减肥经历的人都知道节食是多么痛苦，尤其面对美食时。然而楚国大夫们办到了，而且没几年节食之风竟成为楚国的时尚，为什么？因为国君喜欢。

晋文公喜欢穿粗布衣裳，于是，晋国的士大夫上朝时都穿粗布衣服，披着母羊皮的裘，头戴厚帛做成的帽子，脚穿粗糙的鞋子，晋文公看到了很是高兴。古时的人和科技时代的人审美观不同，科技时代的人有好乞丐装的，也有好粗麻纯棉的，这被视为特立独行、返璞归真；而古时只有贫穷百姓才会穿粗衣，因为他们没有选择，那时的人都喜欢锦衣华服，能够让贵人们自贬身价穿上黎民的服装，只有一个原因，国君喜欢。

越王勾践崇尚勇敢。他训练将士三年，为了考验士兵的勇敢程度，故意放火烧船，然后擂鼓命将士前进。结果，他的士兵们前赴后继，奋不顾身，冲向火船，死在水火之中的不计其数。主动冲进火船里送死，这个太难了吧，士兵肯这样做，是因为国君喜欢。

“苟有上说之者……不可防止于天下。”（《墨子·兼爱下》）

在上位的人喜欢什么，底下的人就会变本加厉地提供，以博取领导的欢心，这是千年来的社会常态。就像“风动草偃”，君王的行为表现如同风，老百姓的行为表现如同草，风吹向东，草就倒向东，这是十分自然的。只要有国君推行“兼相爱，交相利”，用奖赏来勉励大众，用刑罚来约束大众，那么，百姓对“兼相爱”的推崇就会像火之趋上、水之就下一样顺势而成，是不可能阻挡得住的。

三

在和平中生生不息

書隱清供
光緒丁亥臘八日

人人讲和平，何处无战争？瑞典人诺贝尔在遗嘱中嘱托挪威议会选出五人组成的诺贝尔委员会，评选出每年他们认为在全世界人民中最具和平意识，“为促进民族团结友好、取消或裁减常备军队以及为和平会议的组织和宣传尽到最大努力或做出最大贡献的人”。历届得奖人有国际组织的创办人、作家、记者、律师、历史学家、神学家、物理学家、联合国秘书长、总统……一百多年了，诺贝尔和平奖的存在似乎在昭示世界的另一面：地球上仍然没拥有真正的和平。

利益丛林的较量

这里是位于肯尼亚与坦桑尼亚交界处的马赛马拉大草原。天高地阔，阳光肆无忌惮地烘烤着龟裂的土地，枯黄的草色一直连接到天边。远远近近、零零星星地点缀着的几株伞状的大树，倒是让荒原颇具诗意的美丽。

草丛中，一只公狮子慵懒地散着步，身后的妻妾儿女许是玩耍累了，安静地伏在地上打着盹儿。公狮子慢慢地踱出了它用生命拼下来的领地，向着马拉河的方向走去。

远远地，一只蹲伏在树上的猎豹紧张地追逐着狮子的身影，它刚刚俘获的斑羚还滴着血呢，看来它不仅要戒备随时蹿上来的强盗鬣狗，还得防范这只该死的狮子。

公狮的心情不错，脚步也轻盈了许多。它一边巡视一边在心里嘀咕：昨天那仗打得真舒服，要是那只流浪汉敢再到老子的地盘上滋事，下一次绝不轻饶！

马拉河不算长，却是整片草原的给养。还没进入雨季，浅浅的河水安静地流淌着。突然，几匹年轻的角马映入狮子的眼帘。角马们弯下庞大的身躯，安然地低着头找地上的嫩草吃，金黄色的草丛掩盖不住它们头顶的利角，那气定神闲的样子似乎表明危险从未在它们身边发生过一样。

哪有猎物送上门来置之不理的道理?虽然捕猎通常都是妻子们的事,可现在公狮确实也有几分饿了。

“长角的动物不吃肉”,即便身躯庞大,即便有着尖利的弯角,角马还是角马,不会反过身与它的天敌们叫嚣、争斗、撕咬。食草动物还有个非常重要的特点——无群体攻击性,当一匹角马被攻击的时候,其余兄弟无一例外地四散逃命,这就是大自然的安排。公狮张弛有道地追逐着被伙伴抛弃了的角马,终于抓住时机纵身一跃,将它扑倒在地,死死地咬住它的喉管不放。可怜的角马四脚拼命乱蹬,那不是反抗,而是临死前的最后挣扎,是对草地眷恋的挣扎,充满力量,也同样让狮子恐惧。

作为擅长摆出一副同情弱者姿态的人类,角马的死多少让人叹惋。可达尔文说,这是物竞天择,是自然界各个生命体的生存状态和成长机制。“物竞天择、适者生存、弱肉强食”不是一句口号,而是对自然界活生生的、充满无限画面感的概括。嗜血强者撕咬着弱小的肉体,高大的植物放肆地延伸着根须,试图霸占更多的土地。然而,弱小者并未就此而终结,就像狮子的数量并未因捕获大量角马、羚羊而激增,角马也并未因狮子、猎豹、鳄鱼的存在而灭绝。弱者有弱者的生存之道,相较于强者而言,在丛林中能够活下来的弱者其生存的本能和智慧更让人唏嘘不已。

我们观赏着自然界,似乎是个局外人,殊不知作为食物链最顶端的人类也难逃丛林法则的约束,生物学的规则在人类社会同样有着强有力的效用。一幕幕丛林游戏在人间上演,游戏中凭借优势体力和智力处于上游的角色总是能将处于相对劣势的下游角色吃掉,同时又会被相对优势于自己的上游角色吃掉。

可是,人类并不仅仅满足于生存的本能,他们总是彼此较量,试图雄霸江湖,控制和占有更多的资源,把他人踩在脚下。人的丛林远比自然界的丛林复杂得多，可归根究底，一切战争无非利益之争，谁动了我的利益，我就对谁不客气。“大英帝国既没有永恒的盟友，也没有永恒的仇敌，只有永恒的利益。”帕默斯顿道出了丛林中人类的生存之道。丛林里的较量绝不仅仅是所谓“野心”那么简单，野心家的蓄势也无非是要占有更多的利益，墨子说，“亏人自利”（《墨子·非攻上》）是战争的本质，货币战争的年代如此，冷兵器时代亦是如此。

“春秋无义战。”春秋时期，周天子的威信渐渐降低，很多有势力的诸侯经常打着“勤王”的旗号，事实上是想达到自己称霸诸侯的目的，并非真正帮助周天子树立威信。而“春秋无义战”指的就是假“勤王”、真争霸的意思。可是，这世上的事就怕比较，春秋时那些耀武扬威的国君若是可以通过时光隧道穿越到战国，目睹百年后的图景，他们会痛心早生百年，还是战国时的诸侯王霸气，完全不用顾忌周天子的颜面，根本不需要假借天子名义，只要拥有了足够的实力，再找个好听的由头，堂而皇之地公告天下，就把坏事演绎成了善举，想打谁就打谁，想怎么打就怎么打，反正战国时的军事家、谋略家多如牛毛，战争的因由也好找得很。在那个波诡云谲的时代，借口俯拾即是，比如鲁阳文君欲攻打郑国这件事便是平常之例。

春秋末期的郑国，君权衰微，国力弱小，却地处虎狼大国中间，一向不敢发声，只图生存。郑国的国事也常常要听周边邻国的意见，包括像立谁为国君这样的大事更是如此。所以，处于权力漩涡中的郑国曾出现过三次“郑人弑君”的事件。

楚国的鲁阳文君计划着攻打郑国，墨子听说后就赶到楚国打算制止鲁阳文君的想法。墨子对鲁阳文君说：“现在假如鲁阳境内，大点的城池攻打小的城池，大家族攻打小家族，人民遭屠戮，牛马猪狗、布帛粮食、货物财产被抢掠破坏，您怎么办？”鲁阳文君自信满满地答道："鲁阳四野之内都是我的臣民。倘若真的发生了先生所说的事，那我必要重重地惩罚他们！"墨子继续问："上天拥有天下所有的土地，就好像您拥有鲁阳的土地一样。现在您要发兵攻打郑国，您不怕上天惩罚您吗？"鲁阳文君急切地抢过话头："先生为什么要阻止我攻打郑国呢？我攻打郑国，是顺从上天的意志啊。郑国已经有三代国君被自己的臣子杀了，这还不够逆天吗？我是顺应天意、助天诛伐啊！"

墨子笑着摇摇头说："郑人弑君这件事，上天已经惩罚他们了，郑国三年不顺，年成不好，难道不是天谴吗？现在您作为楚国的臣子要发兵攻打郑国，说我代表上天惩罚你，就好比一个做了父亲的人拿着棒子追打邻居不成器的儿子一样，荒谬至极。我们再打个比方：您去攻打邻国，烧杀抢掠，然后史官把这事录在竹帛上、刻在金石上，向后代子孙炫耀，'谁能比我战果多？'继而，您的臣民中有个人效法您，他也去攻击他的邻居，杀害邻居的家人，抢夺邻居的财产，然后也把他做的事写在竹帛上，刻在食器上，向后世子孙炫耀，您觉得可以吗？"鲁阳文君连说："照先生所说，好像是那么回事。先生在您来鲁阳之前，人人都觉得我伐郑是义举呢。"看着鲁阳文君讪讪的表情，墨子无奈地笑了笑："天下人分得清义与不义吗？"

以大欺小、恃强凌弱、用自己有余抢他人不足的战争，都是发动者的不义之举，特别是那些伪饰过的、美化过的，因其具有欺骗性也就更加卑劣。战争带来的喜悦何尝不是以加在头上的功名和收入囊中的财富来表现，攻国的国君假借道义之名竖起了一座座正义的牌坊，而牌坊下掩藏的却是一张张扭曲、丑陋、贪婪的脸。所以，墨子在人性所构筑的丛林中步伐坚定、步履匆匆，目的就是要扯下战争的遮羞布，告诫天下君子，只要是亏人自利的战争都是不义的，无论大小，无论披着多么高尚的道德外衣。

嗜人血的恶之花

战争是阶级社会土壤中自然生长着的恶之花。它是一朵嗜血的花，猩红色的花瓣娇艳欲滴，金黄色的花蕊吐露出诱人的香气。于是自古至今拥有权力的人们为它所魅惑，膜拜它，信奉它，却不知它的茎上有刺啊！锋利如匕首，刺尖缠绕着蛊毒，掌权者们每触碰一下必使整国人民都陷入钻心难耐的痛。

墨子是最受不了人民受苦的。他来自于人民，所以能够深切体味战争给人民带来的痛楚；他直面干戈，反对战争，宣扬非攻，在墨子眼中，战争就是一项荼毒生灵、害人害己的活动，攻伐“不利于人也，天下之厚害矣”（《墨子·非攻下》）。

一将功成万骨枯。大军压境，被侵凌的国家无论是积极应战、负隅顽抗，还是消极等待、被动挨打，对无辜的老百姓而言都是一场蹂躏和摧残。

战事来了，谁还能有心耕田、纺织，“纵有健妇把锄犁，禾生陇亩无东西”，整个国家陷入恐慌之中，人民疲于应战，天地一片荒芜。侵略者烧杀抢掠，无恶不作，所到之处一片狼藉。被侵略国家家园被毁，宗庙被烧，赤地千里，断壁残垣。更为严重的是，“出门无所见，白骨蔽平原”，人民不是被杀死，就是被抓去做奴隶，饶幸能逃脱出来的人，生活资源已经被破坏，生活物资被抢劫一空而无法生存，不得不流离失所，忍受着亡国丧家之痛。

打人的会不会至此就算得偿所愿，借助战争取得好处，赚得钵满盆满，抑或是取得霸业，从此得到天帝的恩宠庇护而与天地同在、与日月同辉呢？墨子早就告诫过攻人者，“农夫不得耕，妇人不得织，以攻为事”（《墨子·耕柱》）。战争带来的伤害远远超出了短暂胜利的甜蜜。

那些发动战争的国君啊，您可知道，因为您的一声号令，全国逾千上万，甚至数十万的青壮年奔赴前线，为您奋勇杀敌，空留下肥土良田无人耕作，而错过了农时，也就错过了一整年的收成。即使您在征战中取得了胜利，您攻下的国家粮库是空的，地里颗粒无收，而您自己的国家田地里也是杂草丛生，接下来的日子里，您的百姓可怎么活？再者，一场仗打下来，快的数月，慢的数年，国君您被拖得疲惫不堪，无暇听政，官员们上行下效，也没什么心思打理官府事宜，那么国家哪里还有法度可言？也许上述战争的危害短时间内看不出来，但是，像兵车战马的损失、三军的用度、兵甲设备的耗费等这些都很真实地摆在眼前，粗略估计一下，战后倘若能收回五分之一就很了不起了。从人员角度来说，兵卒在道路上散亡者众，加之，道路遥远，粮食不继，饮食不时，役夫因之辗转死于沟壑中的，又多得不可胜数。“计其所自胜，无所可用也。计其所得，反不如所丧者之多。”（《墨子·非攻中》）除了得到多余的土地，侵略者并没有得到任何实际的好处，反而还得和被侵略者一同饱受战争之苦。所以说，战争中无人是赢家。

那些发动战争的国君啊，您可知道，您鼓励将士为您去死，恐吓他们：“死于君命的为上，多杀敌人的次之，身体受伤的为下。至于落伍败退的呢，罪乃杀无赦！”将士们听后心生畏惧，左右都是死，不如拼了全力兼并他国覆灭敌军，于是丧失了人性地残杀虐待守国的民众，这可是破坏圣人功业的行径啊！取用上天的人民，去攻占上天的城邑，刺杀上天的人民，毁坏神的神位，倾覆宗庙社稷，这不是对天的大不敬吗？人都死光了，或是跑散了，还有谁能去祭祀鬼神？灭掉了鬼神的祭主，废了先王祭祀的规矩，这不是对鬼神的大不敬吗？您倾尽天下百姓的衣食之本，却落下了违天逆道的名声，这又何必呢？

"尸填巨港之岸，血满长城之窟。无贵无贱，同为枯骨。"不义之攻伐，对所有人皆不利，它不仅是亏人，也是亏己，更是亏天下，在客观上给天下万民带来无尽的灾难。老子说："师之所处，荆棘生焉，大军之后，必有凶年。"战争之痛是实实在在的，不见了小桥流水，但闻炮声阵阵；没有了落霞孤鹜，唯余硝烟滚滚；一个个生命轻易就被罪恶夺去，留下森森白骨触目惊心。

德国作家雷马克在小说《西线无战事》中，通过德国小伙子博伊默尔的眼睛细致入微地对一战的战场进行描写，鲜血、残肢、碎肉、脑浆、毒气……

> **我们的思想像机器一般麻木地指挥着，使我们忘了疲惫，脑子里一片空白。只是跟着队伍向前不停冲杀，毫无知觉，只知道疯狂野蛮地屠杀面前这些敌人。因为他们随时在用步枪、手榴弹向我们瞄准，对我们投掷。此时我们要是不去杀死他们，反过来就会被他们杀死。**
>
> **我们已成为一群毫无感觉的机械，在脚下这片破碎、伤痕累累的褐色的大地上，在这片阳光下闪放着亮光的大地上不知疲倦、单调乏味地劳作着。我们不停地喘息着粗气，嘴唇已经干裂开了。我们的神志如同醉酒后的夜晚，混沌一片。我们摇摇晃晃地前进着，而眼前那一幅幅催人泪下的感人场景却深深地震撼着我们那麻木的**

灵魂；充满阳光的灰褐色的大地上，那些痛苦的士兵，垂死挣扎着却又无奈地倒在那里，只要一有人从他身上跳过，他们便嘶吼着去抓他们的腿。

我们已麻木了相互间的感情，我几乎忍受不了把一个别的情状引入视线。奇怪的是，我们这些行尸走肉却不知有什么伎俩或魔法竟仍在追逐、冲杀。

活生生的同学和战友一个个阵亡，战场成了一个个无名士兵的坟墓。所有经历战争的人都在生死线上挣扎着，直到死亡。战争就是毁灭的代名词，它不仅夺去了无数人的生命，并且戕害着那些活下来的人的灵魂，特别是被鼓动加入战争的年轻人，在他们人生观、世界观、价值观仍旧处于调整的阶段，他们只学会了一件事——杀人。接着，战争教会他们野蛮无情，教会他们丢弃梦想，让这些年轻人每天在野蛮与良知、现实与梦想之间苦苦挣扎，直到最后原本纯洁的心灵被完全摧垮。

虽然战争意味着毁灭与灾难，但在人类的历史长河里，战争一直没有停止，有学者戏谑地称“和平”是战争的中场休息。的确，强者赢得天下，弱者遭受灭顶之灾，野蛮征战与文明建设演绎着优胜劣汰的自然规律。我们不否认在战争中人类走向文明，不否认在战争中攻守双方的文化互化融合，但我们更应该看到，战争带给人类的是资源的浪费、经济的停滞甚至倒退、社会秩序的混乱、文化艺术遗产的摧毁以及几代人心理上的残害，还有什么比战争罪过更大呢？

将反战进行到底

击鼓其镗，踊跃用兵。
土国城漕，我独南行。
从孙子仲，平陈与宋。
不我以归，忧心有忡。
爰居爰处？爰丧其马？
于以求之？于林之下。
“死生契阔”，与子成说。
执子之手，与子偕老。
于嗟阔兮，不我活兮！
于嗟洵兮，不我信兮！
——《诗经·邶风·击鼓》

“‘死生契阔’，与子成说。执子之手，与子偕老。”世上多少男女曾把这句话甜蜜地种进爱人的心田，又有多少只耳朵在这句甜蜜之后听到了花蕾绽放的声音。但又有谁能体味到千年前那个将爱唱出来的小伙子心中的苦涩和无尽的悲伤呢？

这一年，卫国王位易主，卫公子州吁弑君自立。毕竟君位得来得不光彩，他怕人心不服，就想通过战争来树立威信。话说当初郑国共叔段叛乱时，曾派儿子到卫国请求支援，郑庄公平息叛乱后便兵临卫国，迫使其认罪，从此两国结怨，看来，以此事为由攻打郑国是极好的。但郑国力量不薄，加上与齐国有石门之盟，州吁恐怕力不能敌，又惮于齐国，便联合宋、陈、鲁、蔡共同发兵。

“击鼓其镗，踊跃用兵。”君王一声号令，士兵们莫敢不从。哪怕新婚燕尔，哪怕家中刚刚添了男丁，都只得割断儿女情长，跟随将军公孙子仲奔赴疆场。

卫国的队伍中有个小伙子，整天郁郁寡欢。他好羡慕那些能为国君挖土筑城的人，他们再怎么辛苦劳累，每天也都能与家人相伴，多幸福！而他和他的这些士兵兄弟，抛家舍业，背井离乡，终日与死神擦肩。远离家乡的孤独感和不安全感在他的心中不断膨胀，他的眼角常常泛起晶莹；战争中一幕幕凶残血腥的场景刺痛着他，也许明日他与家人就生死相隔两茫茫了。

他最放不下的，是她。他曾经许给她一生的幸福。那个月光如水的晚上，红烛映着满屋子的喜庆，他抚着她的肩，认真地对她说：“死生契阔，与子成说。执子之手，与子偕老。”而现在，脑海中激荡的这句话苍凉沉郁，仿佛尖刀一样划破他的肌肤，连呼吸都要用尽全身的力气。是啊，她是他对生的贪恋，有她的世界如阳光一般温暖，尽管放眼望去民生凋敝，满目疮痍。今晚月光依旧，他却背离了他的誓言，不是因为自己，只因为那个穷兵黩武的居高位者对权力的痴迷。

“死生契阔，与子成说。执子之手，与子偕老。”他唱着，眼泪就扑簌簌地滚了下来。战争像一个巨大的旋涡，以无法抗拒的力量吞噬着世间一切的美好。《诗经·邶风·击鼓》唱的不仅仅是肝肠寸断的爱情，更是对战争的控诉，是“戍卒思归不得”的怨与恨。

天下太平，众之所求；反战之声，无止无休。

老子说："夫兵者，不祥之器，物或恶之，故有道者不处。"老子没有给打着"正义""爱国""救世济民""解放全人类"等美好旗帜的战争留颜面，在他眼中，只要是战争，就是不祥的东西。庄子认为，武力得天下，即使胜了也会经历如断手之痛，左手得了天下，就失了右手；右手得了天下，就失了左手，战争后得到的天下已然是让世人痛不欲生的，是不完整的了。孔子在《论语·宪问》中讲，古代，凡是好战者都得不到好死，禹和稷只是下地种庄稼却得到了天下。所以，"子之所慎：斋、战、疾"。孟子则直接说"善战者服上刑"，得给那些打仗打得好的人施以最重的刑罚。孙武强调"上兵伐谋，其次伐交，其次伐兵，其下攻城"，真刀真枪的血战，是治国用兵的下下策。孙膑和孟子倒是想到了一处："夫乐兵者亡，而利胜者辱。并非所乐也，而胜非所利也。"最好各国把能征惯战的名将都杀了，于是也就天下太平了。墨子斩钉截铁、铿锵有力地掷出两个字——非攻。

翻开《墨子》，全书现存五十三篇，一言以蔽之：兴天下之利，除天下之害。而战争不利于天下百姓，是最深重的罪行。

战争兴师征伐，祸国殃民。其一，民不聊生，贻误农时，"春则废民耕稼树艺，秋则废民获敛。今唯毋废一时，则百姓饥寒冻馁而死者，不可胜数"。其二，资源浪费。战争浪费大量人力物力，竹箭、羽旄、幄幕，甲盾、矛戟、车马，牲畜，百姓，损失不可胜数。其三，损人不利己。就算是得胜的一方，尽人民之死，弃所不足，而重所有余。为政若此，非国之务者也。其四，现世报应。根据能量守恒原则，依仗自己的国力、兵力以攻战于天下、显赫一时的国家，终将会被别国以其人之道反治其人之身，反遭灭国之祸。因攻战而自亡的，史不乏其例。吴王阖闾、夫差两代数年攻伐，战绩辉煌，九夷之国宾服，"自恃其力，伐其功，誉其智，怠于教"。结果，吴国反为越王勾践攻败而灭国。所以，墨子认为，攻战实是不吉之行，我们应当站起来对那些战争的制造者、投机者以及毁灭生命的漠然行为坚定地说“不”，将反战进行到底。

反战，要坚定信念，辨别是非。在战争这件事上，墨子特别痛心的是，天下之人看不清战争的本质，总是被发动者为战争贴上的“义”的标签所迷惑。

假如有人进入别人家的果园，偷了些像桃子、李子什么的果子，世人听说后会去谴责他，执法人员也会来惩罚他。倘若有个盗贼偷的不是果子而是别人的狗啊，猪啊，鸡啊，大家会觉得这个盗贼比进人家果园的那个罪更大，因为他损人更多。损人越多，就越不仁，罪也越重，当今法律也是以此为根据来判罪的。要是有人杀了无辜之人，还拿走了死者的钱包、手表，或是剥下人家的衣服，那罪就更严重了，有正义感的天下人都会异口同声地斥责他不义、不仁。然而，这世上最大的不义是什么？是为私利而进攻别的国家。还有什么损害能比伏尸百万、流血漂橹的侵略更严重的呢？侵略他国罪大恶极，其罪行罄竹难书、擢发难数，而世俗君子们却对此泰然处之，甚至称赞它是义举，这是何等滑稽！窃人桃李、鸡鸣狗盗、杀人越货不能容忍，窃取一国一都反而拍手称快，君子们啊，你们真的分得清善恶吗？

看见一点黑色说是黑，看见很多黑色说是白，这是不知道黑白的分别；尝到一点苦味说是苦，尝到很多苦味说是甜，这是不知道苦甜的分别。所以，不反对战争，就是不知道义与不义的分别。美国诗人罗伯特·布莱在《呼唤与响应》中写道：

已经默许了那么多场战争，
我们还能再沉默吗？
如果不提高嗓音我们便是，
允许他人（即我们自己）去抢劫家园。

我们曾经倾听过伟大的呼唤者——
聂鲁达、
阿赫玛托娃、
梭罗、
弗雷德里克·道格拉斯——
为何现在却像小灌木丛中的麻雀一样沉默？

英雄为正义而战

墨子说，请不要战争。

儒生说，怎么可能，阿猫阿狗还会咬上两口，人怎么可能避免战争呢？

墨子鄙夷地说，儒生们，你们怎可以自比牲畜来自取其辱呢？

尚武善战的国君听到后不高兴了，质疑墨子说，你墨者主张“非攻”，那么禹征三苗、汤逐夏桀、武王伐纣也都犯了错？也要非之？

墨子叹了口气说，虽然冷兵器时代的战争都是采取暴力形态，但此战争与彼战争的动机则不尽相同。大国攻打小国，是“交相贼”，是有违天命民心的不利行为，攻取攘夺，此乃“不义”，所以要加以“非之”，故言“非攻”。而有的战争是出于道义的需要，为了顺应天理和民意，阻止暴行，讨伐暴君，救万民于水火之中，此乃于民有利、利于民生的“义举”，怎能与不义之攻相提并论呢？伐无罪之国为“攻”，伐有罪之君为“诛”，我墨者主张的是要顺从天意民愿，反对攻伐，支持诛讨。

上古时，三苗大乱，民不聊生，天要诛杀他们以示惩戒。只见日月颠倒，天降血雨，龙生于庙，犬哭于市。夏天里水结成了冰，土地干裂深及黄泉，五谷都改了模样，百姓们惊恐不安。古帝高阳于是给在玄宫的禹下达命令，大禹亲自握着天帝的瑞玉令符，去征讨有苗。雷电震撼，有一尊神，人面鸟身，恭敬地持弓而立，拿出箭射杀了有苗的将领。有苗军大乱，一败涂地。大禹战胜三苗后，便划分山川，分别物类，节制四方，于是黎民百姓安居乐业。

等到夏朝桀王那一代，桀王无道，导致太阳、月亮都不按照正常规律上班，严寒酷暑纷杂紊乱，五谷在田地里焦枯死去，国中上下都激荡着鬼的哭声，鹤整日在天上盘旋，不间断地啼叫。天帝在镳宫授命汤："夏朝的德行淫乱，我在天上已经将夏朝的命数断绝，你去诛杀它吧，我保证你一定会取得胜利。"汤于是奉上天之命，率领他的部队诛讨夏桀，夏桀的民众也起而响应，归附商汤。

到了无德的商纣王，天帝都不愿享用他供奉的祭品。商王也不按时祭祀鬼神，于是天下又祸乱四起。殷商的空中笼罩着铺天盖地的沙尘，禹铸的九鼎也变了位置。夜里出现过十个太阳，妖妇穿行，鬼怪悲吟，还有女子突然变为了男子。天下了一场肉雨，国都大道上长满了荆棘，而纣王却不知收敛，更加骄横放纵。有只赤鸟口中衔圭，降落在周的岐山社神庙上，圭上写着："上天授命周文王，讨伐殷邦。"贤臣泰颠来投奔协助，黄河中浮出图篆，地下冒出乘黄神马。周武王即位后，梦见三位神人对他说："我们已使荒淫的殷纣王沉湎于酒色之中，你前去攻打他，我们必定助你成功。"武王于是决定替天行道，灭商兴周。上天赐给武王黄鸟之旗。武王战胜殷商，承受上天的赏赐，命令诸侯分祭诸神，并祭祀纣的祖先。政教通达四方，天下太平。

上述种种，均为义战，属于诛讨之功，而非攻伐之弊。诛无道，为民请命，替天行道，上承天旨意，中符合鬼神的利益，下合民心，兴天下之利，除天下之害，所以是义利天下的大义。真正的英雄就应该是"有义征不义"，要敢于给予不义之敌以有力的打击，有凌云之壮志，腹纳九州之量，肩扛正义，救黎民于水火，解百姓于倒悬。

诛无道是对人性的认同，是道义使然。一切伤害人民的不义之敌都是纸老虎，你做云梯我就有守御之器；你攻城的招数已用尽，我防备的办法还有余；你能攻我就善守；你敢打来我就把你打回去。“天时怼兮威灵怒，严杀尽兮弃原野。出不入兮往不反，平原忽兮路超远。带长剑兮挟秦弓，首身离兮心不惩。诚既勇兮又以武，终刚强兮不可凌。身既死兮神以灵，魂魄毅兮为鬼雄！”若是对不义暴行心慈手软，就难免会留下祸患，正如农夫用胸口的温暖唤醒的那条蛇，总有一日会恩将仇报。

古代中国关于正义战争的问题在春秋战国时期的诸子百家中都有论述。例如，孔子、孟子都主张“慎战”，但同时也明确肯定反击暴虐战争的合理性。然而，孔子与墨子不同，他以“道”为政治标准衡量当时的战争，区分战争的性质，他说：“天下有道则礼乐征伐自天子出，天下无道则礼乐征伐自诸侯出。”孔子的战争观是从“有道”与“无道”的判断中得来的。“征伐自天子出”是合理的，适宜的，符合“道”的；而“征伐自诸侯出”则是天下无道的表现，因此诸侯之战就是不义之战。战争的确是和政治紧紧联系在一起的，因此，也的确有正义的战争和非正义的战争之分。但以我们今天的观点来看，衡量正义的战争和非正义战争的标准不是看什么人来发动战争，而是看发动战争的人的目的是什么。凡是拯救人民于水火，锄强扶弱，除暴安良的战争都是义战，应该支持和拥护。相反，为争名逐利，戕害生灵，以强凌弱，以众暴寡的兼并战争都属于不义之战，应该坚决反对，甚至回击。

备战备荒为人民

某日，禽滑釐向墨子询问如何守城。

墨子说："那要看你防御的是什么样的进攻了。"

禽滑釐想了想，回答道："以今天的战争手段来看，常用的进攻方法大概有这么几种：积土成山，居高临下；用钩梯爬城；士兵们推着装有铁头巨木的车辆冲破城门；士兵们推着下端安有四个轮子、顶端镶着两个大铁钩的云梯攻城；填塞城壕；决水淹城；挖隧道；搞突然袭击；在城墙上打洞；士兵们像蚂蚁一样爬城，密集强攻；使用蒙上牛皮的辕辒；用高耸的轩车侦察。先生，就拿这十二种攻城方法为例，请问，应该如何应对防守？"

墨子满意地点点头，看来禽滑釐对攻城战术认识得比较全面，只有知己知彼方能在抵御侵略时握筹布画、稳操胜券。墨子说："作为守方先得把城墙、壕沟修好，把守城器具准备好，粮食、柴草要充足，城里的君王、官家、百姓要上下相亲，城外又能取得四邻诸侯的救助，上述几点是长久备战防守的根本条件。另外，由谁来守也很重要。假如守城之人善于防守，是个强将，但是君主不信任他，那么这城是保不住的；同样，如果君主所任命担负防守任务的人自己没有防御的策略和领兵抵御的能力，也肯定是防不住进攻的。由此看来，守城之人必须自己有能力，且又深得国君的信任，二者合而为一，城池方能坚不可摧。”

上述对话取自于《墨子·备城门》，是墨家经典中非常有代表性的军事文献，集结了墨家各色的守御兵法。“墨守”不是浪得虚名，该怎么面对来犯之敌，《墨子》书里是讲得很详细的。自古不能谋全局者不能谋一域，不能谋万世者不能谋一时。《墨子·备城门》篇对适用于古代战争的备战措施和具体战法介绍得面面俱到，比如护城河上要如何安装吊桥，城墙上各种短兵相接的器械，防止火攻破坏城门的措施，防止大队人众攀越城墙的办法，防箭的办法，投石机的操作，强弩的使用，发挥瞭望塔侦察的最大功能，守城人员的配备管理，持久战的办法，物资储备，等等。研究战争中的战略战术是当时社会的迫切需要，然而，墨子的防守策略不仅在冷兵器时代的战国能够救一方百姓于水火，即使是应用于拼武器装备技术的现代化战争中，亦是大有益处。

他主张的守城方略主要有两点：

第一，守城得有强大的后方支援。

主观上激越地要求“保家卫国”，口号喊得山响，可是国该破还是破，家该亡还是亡，为什么？因为没有物质保障，没有任何的军事准备做后盾，国门堪比城门，百姓成了待宰羔羊。战略储备是一个国家最终的物质保障，是山穷水尽时的柳暗花明，是日暮途穷时的绝处逢生。俗话说：“兵马未动，粮草先行。”进攻国在挑起战争之前肯定要充分地为军队准备好吃、住、行、用、医；而那些强国环伺的小国也该极具危机意识，在大军压境之前为未来的战争做好充分的给养准备。

作为守国，因为不知道什么时候会挨打，如果完全地被动等待，敌军逼近了才去想保全之策，征民充役、征粮征饷、铸造剑戟迎战，围个三五天城里的粮食吃光了，这和坐以待毙有什么分别？

所以要想不被破城，首要的就是底子厚，能扛得住，并且能和敌军一直扛到底，把抛家舍业、千里而来的敌方将帅兵卒在精神和物质两方面都拖垮。

第二，守城要用人不疑，疑人不用。

守城干将必须得力。两军对垒，要有能干称职的主帅以号令三军。战争本身就是一场博弈，棋盘上的将帅就是执子之人，好的将帅能总揽大局，运筹帷幄，最优化地调配车、马、炮、相、士、卒，筑起的防线就如铜墙铁壁，坚不可摧。但良将最怕遇到庸君，良将无明主，奈何！奈何！即使有些领导者军事才能卓著，也以识才、爱才而名声在外，可还是逃不过“多疑”的嫌疑。

话说，曹操手下有个大谋臣荀彧，帮助曹操漂漂亮亮地完成了几件大事情。荀彧投奔曹操时，曹操说了一句话，“吾之子房也”，你就是我的张良，他是真正地识得荀彧的才干，真正地器重他。但是，就因为在一件事情上，荀彧劝阻曹操，结果死了。《三国演义》写曹操不满于受封为侯，想要做国公。荀彧劝阻他说，现在还不是时候，不要做这些。曹操马上就说，荀彧“不助我也”。故而曹操深恨之，就要把荀彧弄死，但不是抓起来杀掉，而是送给他一个很漂亮、很讲究的空盒子。荀彧明白，这是要自己死，所以荀彧就自杀了，当时只有五十岁。据正史记载，荀彧是得了病，心情忧郁而死的。无论怎样，荀彧的命运说明，曹操是爱才、识才的，但一旦才子的思路与自己相悖，就会落个兔未死狗已烹的下场。

战争的主体是人，最有价值的也是人。上下相亲，四邻相援，社会氛围和谐，方能让君、臣、民、兵同仇敌忾，奋勇御敌。

四

人才擎起国之天空

秋在白荷花上来
吴俊

关于人才的定义，一种说法是人才是指具有一定的专业知识或专门技能，进行创造性劳动并对社会做出贡献的人，是人力资源中能力和素质较高的劳动者。然而，现实生活中仅具备上述条件的人也未必能够成长为真正的人才。人才需要识才的人去挖掘，就像千里马等待伯乐的发现一样。电影《天下无贼》中葛大爷扮演的角色是个识才之人，他的那句“21世纪什么最贵？人才！”广为流传，虽带有几分戏谑的味道，可就是这样一句玩笑话，无限地接近真理。

贤士是国家的珍宝

古语有云：家贫思良妻，国乱思良相。天下太平、国泰民安时，君王身边的良莠忠奸虽明晰可辨，却对国家社稷短期内的影响不大。此时若国君是个昏君，往往在朝中平步青云的便是那些阿谀逢迎、口蜜腹剑的奸臣，正所谓：飞鸟尽，良弓藏；狡兔死，走狗烹；敌国破，谋臣亡。而一旦祸从天降、危难当头，到了家贫国乱的时候，国君们就会想到良相的重要性了，因为没有经天纬地、安邦治国的良相辅政，国之末日不远矣。

贤良之士是“国家之珍”“社稷之佐”，所以，一个国家是否尚贤，关系着它的存亡。好的领袖能识人、会用人、好用人，对一个国家来说，没有什么比用贤更急迫的了。见到贤士而不急于任用，他们就会怠慢君主，可是，古往今来从未见过怠慢、遗弃贤士能使国家长治久安的。因此，墨子说，尚贤关系到一个国家的盛衰，“尚贤者，为政之本也”。

“尚贤者，为政之本也。”缘何而来？墨子说：“自贵且智者，为政乎愚且贱者，则治；自愚且贱者，为政乎贵且智者，则乱。”这是一个很简单的道理。想想看，贤能之人必是智商和情商较高的人，智商、情商高的人通常具有较好的观察力、注意力，思维敏捷，学习能力强，认知速度快，能更容易地适应新环境、新情况，由这样的人去治理那些人们眼中的愚蠢且低贱的人，国家往往能够秩序井然、政通人和。反之，若是国家由愚蠢低贱的人管理，墨子认为必将国不国、家不家。因此，知道崇尚贤能是为政的根本，而且好处多多。

首先，君王尚贤，“则谋不困，体不劳，名立而功成，美彰而恶不生”。君王不但可以在贤能之人的辅助下轻松治国，而且还可以功成名就、名垂千古。其次，若是任用贤才管理地方，那一方的百姓有福了，政治清明，百姓安居乐业，“早出暮入，耕稼树艺，聚菽粟，是以菽粟多而民足乎食”。再者，“国家治而刑法正”。贤人们常常受命于危难，手握国家之神器，挽狂澜于既倒，扶大厦于将倾，是治国的能臣、安邦的名将。所以说，尚贤是一件利君、利民、利国的要事。

要尚贤，首先要亲士、重士。春秋时，出现了一批专门从事文化活动的士。他们游学各国，思想活跃，为百家争鸣的出现做出了重大贡献。战国时代，争霸和兼并战争剧烈，朝秦暮楚的游说之士应运而生，他们穿梭于各国间，充当说客。这时各国封君权贵的养士之风也很盛行。比如当时以养“士”著称的有魏国的信陵君、齐国的孟尝君、赵国的平原君、楚国的春申君，因其四人都是王公贵族，时人称之为“战国四公子”。

齐国有一个叫冯谖的人，他穷到快活不下去了，便托人告诉孟尝君，表示愿意在他的门下寄居为食客。孟尝君问他有什么本事，冯谖回答说没有。孟尝君听后笑了笑，但还是接受了他。按照孟尝君的待客惯例，门客按能力分为三等：上等车客出入有车，中等门下之客食有鱼，下等草具之客食无鱼。家仆们看孟尝君没有厚爱冯谖的意思，就按草具之客待他。过了一段时间，冯谖倚着柱子弹着自己的剑，唱道：“长剑啊，我们回去吧！吃饭的时候没有鱼啊。”

左右的人把这事告诉了孟尝君。孟尝君说："让他吃鱼。"过了一段时间，冯谖又弹着剑，唱道："长剑啊，我们回去吧！出门的时候没有车子坐啊。"左右的人都取笑他，并把这件事告诉给孟尝君。孟尝君说："给他车子。"冯谖于是乘着车，举着剑，去拜访他的朋友，高兴地说："孟尝君待我为上等门客。"此后不久，冯谖再一次弹起了他的剑，唱道："长剑啊，我们回去吧！外来草根没有能力养家啊。"孟尝君的门客都开始厌恶冯谖，觉得他贪得无厌。而孟尝君听后问他："冯公有亲人吗？"冯谖说："家中有老母亲。"于是孟尝君便派人供给他母亲吃用。从那之后，冯谖不再弹剑唱歌了。

过了一年的时间，孟尝君在齐国做相国，薛地被封为他的食邑。由于门下养有三千多食客，封邑的收入不足以支撑日常开销，于是就派人到薛地向百姓放债收息以补不足。一年多过去了，还没收回息钱，门下食客的吃穿用度成了问题。孟尝君就想在食客中挑一位能为他收息的人。有人推荐冯谖："让他去吧，反正他也没有什么能耐。"没想到，孟尝君一说，冯谖就爽快地答应了，并问："我收好了息，给您买点什么回来啊？"孟尝君说："你看我家里少什么就买什么吧。"冯谖坐着车来到薛地，让官吏把所有该还债的人都叫在一起，让他们偿付息钱。结果收到息钱十万，但还是有很多债户缴纳不出。冯谖便用所得息钱置酒，召集能够偿还息钱和不能偿还息钱的人都来验对债券。债户到齐后，冯谖一面劝大家饮酒，从旁观察债户贫富情况，一面让大家拿出债券如前次一样验对。凡有能力偿还息钱的，当场订立还期；对无力偿还息钱的，冯谖便收回债券，并假传孟尝君的命令，宣布免去无力还款人的债务，并对大家说："孟尝君宅心仁厚，他贷款给大家就是为了帮穷苦之人生活，在座有钱的就把息钱还了，没钱的我在这儿把债券烧了，不用还了。这是多好的人啊，大家可不要辜负他。"于是群情激动，感激涕零。这样，冯谖就在薛地百姓中埋下了感恩于孟尝君的种子。又过了一年，有人在齐愍王面前诋毁孟尝君，愍王便以“寡人不敢把先王的臣当作自己的臣”为借口罢掉了孟尝君的相位。孟尝君罢相后返回自己的封地，距离薛邑尚有百里，百姓们早已扶老携幼，在路旁迎接孟尝君。孟尝君此时方知冯谖焚券买德的用意，感慨地对冯谖说：“先生所为文市义者，乃今日见之！”冯谖有超人的智慧，极具战略眼光。他积极地为孟尝君政治地位的稳定出谋划策，孟尝君做齐相几十年而“无纤介之祸”，这是与冯谖的精心谋划分不开的。

君子用士，身富且贵。诸侯用士则直接关系到治国安邦的大业，争士、养士成为他们争霸的基本手段。

创建齐国霸业的是齐桓公，他的事业是和管仲分不开的，他在齐国所推行的改革措施都是出于管仲的建议。可是，两人之间有那么一段生死情仇。春秋时期，齐襄公被杀。齐襄公的一个兄弟公子纠当时在鲁国，师从管仲；另一个兄弟公子小白当时人在莒国，师从鲍叔牙。两个公子听到齐襄公被杀的消息，都急着要回齐国争夺君位。

管仲在公子小白回齐国的路上，安置好人马拦截他。他拉弓搭箭，对准小白，一箭射去，只见小白大叫一声，倒在车里。管仲以为小白死了，就不慌不忙护送公子纠回到了齐国。等到纠的人马入境，惊讶地发现小白和鲍叔牙早已抄小道抢先回到了国都临淄，原来小白是诈死。怎奈先入都城者得王，小白当上了齐国国君，即齐桓公。

齐桓公即位后，鲍叔牙向齐桓公推荐管仲，齐桓公气愤地说：“他曾用箭射我，我差点死在他手里，怎么可能让他待在我身边？”

鲍叔牙说：“管仲射伤您那是因为他是公子纠的老师啊，他用箭射您，正是他对公子纠忠心的表现。管仲在治国的能力上强我百倍，如果您想雄霸一方，管仲可是个贤臣良相。”齐桓公听后，前尘旧怨一笔勾销，大度地任命管仲为相，让他管理国政。管仲帮着齐桓公整顿内政，齐国愈加富强。

类似齐桓公和管仲这样君君臣臣惺惺相惜的故事在那个时代比比皆是。越王勾践兵败，他重用范蠡、文种，经过“十年生聚”“十年教训”，使越国国力渐渐恢复起来，最终战胜吴国。重耳流离失所，因重用舅犯、高偃而雄起，成为“春秋五霸”之一的晋文公。齐桓公、勾践、重耳都是在遭遇大辱之后重才任贤，忍辱发愤，最终转败为胜。所以，对一个国家来说，什么和氏璧、隋侯珠都算不上是贵重良宝，贤士人才才是国之奇珍。

贤人即德才兼备的人

何为“贤”？《说文解字》上释义：贤，多才也。从早期金文图形来看，贤是一个左右结构的会意字，左侧为“臣”，意为朝廷官员；右侧为“又”，是用手去抓的意思，所以左右相合，大致表达出“贤”该是善于管理官员的长官。从晚期金文图形来看，人们在从前字形的下方添加了一个“贝”，这充分说明那位管理官员的朝廷命官多了个职责，就是还要管钱。所以，“贤”的造字本义该是指那些精通政治又善于理财的人。后来的古人，称善于理财为“贤”，而心灵手巧为“惠”。所以，现在我们夸勤俭持家的已婚女子“贤惠”是有理论根据的。

墨子的“贤”，指的是“贤良之士”或“贤能之士”。那么，能称得上“贤”的人通常需要满足哪些条件呢？

墨子对贤的标准提出了“厚乎德行，辩乎言谈，博乎道术”三条要求。三者中，德行是第一位的，首要的。康德说，世界上有两件东西能够深深地震撼人们的心灵，一件是我们心中崇高的道德准则，另一件是我们头顶上灿烂的星空。“故古者圣王之为政，列德而尚贤”，“德”是人才修为的最高境界。有德有才者，君子也；有德无才者，平民也；有才无德者，小人也；无才无德者，庸人也。

一个人的品德操行太重要了，如果没有良好的德行，即使没有身居高位，也会见利忘义、心怀叵测，为个人欲望的满足不惜牺牲他人的利益，这样的人只能是群体、社会、国家前行途中的绊脚石，因为他所有的行为都与社会发展的自然规律背离。而那些有才能的人，若是怀有怨怼的内心，则会对周遭的人产生杀伤力，是不折不扣的危险品。司马光说“取人之术，苟不得圣人、君子而与之，与其得小人，不若得愚人”。将权力交给德才兼备的圣人固然很好，如果没有圣人，君子也可以，如果圣人、君子都没有，宁愿选择庸人，也不要把权力给小人。因为君子有德，其才可以用来为善，才越高，为善就越大；而小人无德，其才是为恶的工具，才越高，为恶就越大。就好比驾车，“才”是引擎，“德”是方向盘，若是方向掌握不好，引擎越强，破坏力就越强。

墨子说，有德君子就该贫穷的时候显出清廉，富有的时候显出恩义，对生者表示出仁爱，对死者表示出哀思，要做到这四点，就必须时时关注自己的一言一行。所以，讲“德”不是口上说说，或者心里想想，而是要有真实的行动来表达，德行、德行，既要有德，又要有行。人才“厚德”就是要按照道德的要求去做，在行动中要根据“德”对善恶行为进行取舍。衡量一个人“德行”如何，要看他实实在在做出来的事，而且不仅要看他做事的动机，也要看他做事的结果。《老残游记》中有一段话大致是这样说的，天下之事坏于奸人手中者不过十之三四，而坏于良善者之好心的却有十之六七。这也就是我们平常说的“好心办坏事”。现实生活中我们常常遇到诸如此类的事情，自己明明是一片好心帮助人家，结果却事与愿违，忙上加忙，甚至有时还做了个破坏者。像这样的情形，在墨子看来，算不上“贤”。因为虽然我们做事的动机是好的，效果却是不利于人的。

才者，德之资也；德者，才之帅也。既然贤人要“德才兼备，以德为先”，那么“才”又包括哪些呢？

墨子接着说，贤良之人必须能够辩乎言谈，能言善辩。墨子的这个想法是时代使然。春秋战国时期，百家争鸣，谈士群起，论辩之风盛行。不仅在学术上，不同的流派、观点互相辩驳诘难，在政治制度的改革与保守、军事策略的选择、外交的应对上也都充满论辩精神。根据历史记载，以口舌之功退百万之兵的故事时常发生。郑国大夫烛之武，数语能退秦师；鲁国大夫展喜，片言立存鲁国。可见，善于辞令在当时是多么大的一项本事。

论辩不仅是保家卫国的武器，而且也是一种谋求功名利禄的本领。酒香也怕巷子深，对于诸子而言，只有具备了高超的言谈技巧，方能赢得诸侯的青睐，而得以推销自己的救国经世之说。比如苏秦凭借三寸不烂之舌安身立命乃至封侯拜相。苏秦未发迹时全家都瞧不起他。妻子不为他织布，嫂子不为他做饭，父母不和他讲话，讥笑他不务正业，“释本而事口舌”，男人活到这个境界真的很悲哀。于是苏秦以锥刺股、发奋苦读，游说诸国之间以实现政治抱负，成功逆袭，终至拜六国相印，生前以辩入仕，死后以言留名。

然而，春秋战国的论辩风潮随着董仲舒罢黜百家、独尊儒术自然也就衰落了，直到戊戌变法，才迎来辩论的第二次高峰，两个高峰相隔上千年。应该说，后世中国不是一个辩论发达的国家。德国哲学家雅斯贝尔斯在其《苏格拉底、佛陀、孔子和耶稣》一书中曾经指出：苏格拉底的一生是“谈话的一生”。这位自诩为“雅典牛虻”的哲学家成天蓬头垢面，到处找人辩论，因为他试图在辩论中一步步地接近真理。继苏格拉底后，“表达自我”的文化DNA在整个西方一代代传承，“辩”不是为了去反驳谁，在诡辩中获得胜利的快感；“辩”只是“我要说出我的想法”，是一种思维和知识的较量。要坚定地发出自己的声音首先就要具备发声的能力。发声不是嘶吼，不是恶意攻击，更不是泼妇骂街，它是实证分析、逻辑思辨的结果。语言的界限是人认知世界的界限，语言是表达思想的平台，能够成功地驾驭语言是一个人思维成熟的标志。所以，成年人在思想碰撞时激荡起的水花，或是在语言交锋时摩擦出的火花，应该是符合自然规律的、以史为鉴的、有现实价值的。

在墨子看来，贤良之士除了温柔敦厚、德行高尚、言谈雄辩外，还有一个很重要的标志就是道术精深，具有一技之长。有米的时候，人人都想做“巧妇”。但“巧妇”本就是普通的妇人，只不过是妇人中的“巧”者。“巧妇”就是一个相对概念，她可能是一个好厨娘，可能心灵手巧、打得一手好毛线，可能是在某个领域中的“巧妇”，而在另外的领域中就变成了一般妇人。人才也是一个相对的概念，“王公大人有一牛羊之财不能杀，必索良宰；有一衣裳之财不能制，必索良工”，即使是工匠、屠夫，只要能在各自领域内发挥特长就是人才。

墨子关于能人贤士的认定是广泛的，既突出了以德为先，又立足于以能为本；既肯定安邦立国、雄才大略的高级人才的作用，又不忽略“良宰”“良工”等低层次人才的奉献，从这一点上，足以见得墨子是人民的代言人，是彻彻底底的平民政治家。

为良木开辟一片沃土

罗素说人有三种“单纯而又极其强烈的激情”：对爱的渴望、对知识的渴求、对于人类苦难痛彻肺腑的怜悯。此三者，如同蕴藏在人体中的休眠火山，或者同时喷发，或者此消彼长，无论哪一座火山醒来，都会释放出惊人的能量。

如此说来，墨子的小宇宙该是多么炽热，他的三种能量从未停歇，时刻保持活跃。墨子不仅自己迸发光与热，而且广招门徒，诲人不倦，行为人师，身为示范，将成百上千的能量体集结在一起，形成一个巨大的能量团。

墨子是个好老师。他以知行合一的方式培养学生，教育弟子们要“修先圣之术，通六艺之论，口道其言，身行其志”。墨子在礼、乐、射、御、书、数儒生六艺的基础上，扩大视野，将知识延伸到自然科学、社会科学等诸多领域。《墨子》一书中，收录了墨者在哲学、语言学、伦理学、逻辑学、法学、经济学、军事、数学、几何学、光学等方方面面的成就，可见，墨子对于人才培养是全方位的，他的私人学堂堪比综合型大学，在这所先秦的民办高校里，墨子不仅重视学生理论与实践能力的培养，更重视教育本身对学生成长的创造性作用，故而有了染丝之叹。

“染于苍则苍，染于黄则黄。所入者变，其色亦变；五入必而已则为五色矣。故染不可不慎也！”一团洁白的丝，放入青色的颜料中就变成青色，放入黄色的颜料中就变成黄色，染料不同，丝的颜色也跟着变化。反复五次之后，丝就变了五种颜色。年幼的孩童就像洁白的丝团一样，给他进行什么样的教育，就会产生什么样的结果；即使人已成年，他处于怎样的能量漩涡也会影响到他会走怎样的未来之路。

环境对于人的影响是巨大的。孟母三迁，择邻而居。孟子小时候家住在墓地旁边，他经常和邻居的小孩一起学着大人跪拜、哭号的样子，玩起办理丧事的游戏。孟子的妈妈看到了，就皱起眉头：“不行！我不能让我的孩子住在这里了！”于是带着孟子搬到市集旁边去住。到了市集，孟子又和邻居的小孩学起商人做生意的样子，一会儿鞠躬欢迎客人，一会儿和客人讨价还价，表演得像极了！孟子的妈妈知道了，又皱皱眉头：“这个地方也不适合我的孩子居住！”于是，孟母又带着孟子搬到了学堂附近。每月夏历初一这个时候，官员到文庙行礼跪拜，互相礼貌相待，孟子见了之后也开始学礼、演礼，变得守秩序、懂礼貌、喜欢读书。正所谓“近朱者赤，近墨者黑”，从孟母的抉择就可以看到这个原理的有效性和实用性。

“昔孟母，择邻处”，孩子的教育永远牵动着家长的每根神经，可是，什么是好的教育环境呢？能激发孩子的情感、理解和想象，能让孩子萌发出自主性、创造性、能动性，能提高孩子的审美情趣和学习能力，能引导孩子积极向上、乐观善良，这样的学校才是孩子成长的好土壤。

身心健康的人，应该是在阳光中长大的，周身充满了正能量，这与金钱无关，与等级无关。成年交友亦是如此。一个人所交的朋友都爱好仁义，都淳朴谨慎、遵守法纪，那么他的家道就日益兴盛，身体日益健康，名声日益显赫，居官治政也合于正道了。

殷王盘庚有一个侄子叫武丁，是盘庚小弟弟小乙的儿子。按照商的王位继承制，继承王位的该是盘庚的大弟弟，小乙见自己没有做王的可能，出于多种考虑，就把儿子武丁送到平民中间去磨砺身心。曾经养尊处优的武丁开始接触劳苦大众的生活，并结交了很多奴隶朋友，这其中就有傅说。傅说自幼聪明，勤于苦学，且非常关心天下大事。傅说感到武丁虽是商王侄儿，却没有贵族的傲姿，不仅能和自由民平等相处，而且还肯同像自己这样的奴隶交朋友，很是赞赏，所以就常常与武丁探讨问题、争论事端、研究实践、纵论天下。武丁在和傅说相处期间学到不少知识，感激之余，他无数次想帮助傅说解除他的奴隶身份，让他成为一个自由的人。

后来武丁当上商王，念念不忘民间的这位特殊身份的旧友故交，他很想把傅说请来帮助他治国安邦。可大臣们能同意吗？毕竟傅说是奴隶之身啊！武丁苦思冥想，突然一个奇妙的想法击中了他的脑袋。一天，武丁从梦中笑醒，对大臣说："我商朝有望了！我梦见先王汤，他给我推荐了一位大圣人，叫说，说这人定能辅佐我治理好国家。火速派人把他请来。"大臣们信以为真，立即遵照武丁的描述去寻找，终于在傅岩这个地方找到傅说。傅说到了殷都，大臣们一齐下跪致礼，毕恭毕敬地说："您就是先王汤让国王请来的大圣人，请去见国王吧。"武丁见到当年的好朋友，喜出望外地连连点头："就是他，就是他！"于是赶快让傅说换了朝服，拜为宰相，并让大臣们尊称傅说为"梦父"，以显示他是先王汤托梦才求得的贤臣。

傅说和武丁，圣人和明主，两个优秀的人，一对亲密好友，传奇般地有了这一次历史的机遇和会合，共同经营管理着国家。只三年工夫，商朝就开始全面步入了它伟大的历史复兴，文治武功，迅速达到鼎盛，成为当时东方最强大的帝国之一。武丁是它伟大的缔造者，无疑傅说也是。

古人云：“与善人居，如入芝兰之室，久而不闻其香；与不善人居，如入鲍鱼之肆，久而不闻其臭。”道德高尚、心底无私的人必然会在自己身边聚集一些同样优秀的人，如同春雨“润物细无声”地滋养着、浸润着自己的心田，潜移默化间便使自己的生命丰富起来。

领导用人的方圆艺术

君王天下，大事小情，其中，立太子绝对是首屈一指的大事。鲁国的国君在这个问题上犯了难：他有两个儿子，一个常读书、聪敏好学，一个常分享、慷慨待人，两个儿子各有各的优点，那么该把国家交到谁的手里呢？踌躇之下，便去问墨子。在用人一事上墨子向来谨慎，更何况是关乎鲁国的未来。他想了想，恳切地对国君说："这个，我也说不好。不知两位殿下是否真的喜爱读书和愿意分享，也许他们只是迫于赏赐或是名誉的诱惑才这样做，就好比钓鱼的人虽然躬着身子却不是因为对鱼恭敬，捕鼠的人拿虫子做诱饵却不是因为喜爱老鼠一样。我觉得，您还是先考察一下他们俩读书和分享的动机，把他们心里真实的想法和做事的效果结合起来看，再确定谁来做太子吧。"

选对人、用好人是领导者必备的大智慧。那么，怎样才能慧眼识金呢？墨子说，"听其言，迹其行，察其所能而慎予官"。

首先，要听他说话。当然，听也要有的放矢，要去听他说的内容和说的方式。正所谓，"言为心声"，一个人的言语往往与他的人生观、价值观、世界观相一致，从他所说的话中我们多少可以窥见他的思想的痕迹。而言语表达的方式也很重要，逻辑是否合理，表述是否清晰，能否引经据典，能否生动感人，能否发人深省，这些因素都是对他的学识素养的验证。

史上有凭一片利舌活跃于政治舞台的政治家，也不乏失言失信、祸从口出的领导者。

谢万是晋时名士，风流倜傥，一表人才。一次，时任抚军从事中郎的谢万奉命去见宰相司马昱。只见他身披白鹤氅裘，头戴纶巾，脚踩高跟木屐，一副仙风道骨的样子。可巧司马昱偏爱这种雅士之风，一看到谢万就心生喜欢，于是，谢万的官途从此顺风顺水。终于，谢万做到了西中郎将的位置，带领部队北伐前燕。谢万向来自恃高雅，与众将有隔阂，其兄谢安就劝说他要与将士多接触，化解众将对他的芥蒂。一日，谢万派人把诸位将领招至帐中，可是平日里讲经论道、口若悬河的谢万面对众将却不发一语，最后用手里的玉如意一指部下们："诸将皆劲卒。"然后散会。众将心里这个气啊，晋时的风气本来就是文士高尚、武将卑微，谢万蜻蜓点水似的一句就把将领们贬为了士卒，简直是对他们最大的蔑视。负气而去的部队肯定是大败而归，谢万吃了败仗，因为他的手下没一个人愿意为他卖命。胸中有丘壑的谢万万万没有想到自己的一句话伤了多少人的心。可见，言语的力量确实是惊人的。

其次，要看他做事。做事不仅仅是个人能力的反映，也是个人品性的展示。善不从本心生出就不能保留，行不由本身审辨就不能树立，名望不会由苟简而成，声誉不会因诈伪而立。

战国时，魏文侯想为自己提拔一位相国，可是手头有两个人选都不错，一时无所适从，于是便找来谋士李克咨询。李克并不急于给出建议，而是说："大王，您下不了决心，是因为您平时对他们的考察不够。"魏文侯急忙问："怎么考察？有什么标准吗？"李克说："当然有。第一，看他平时和哪些人亲近。物以类聚，人以群分。从身边人的品行就能判断他的为人。第二，看他有钱后会和什么人交朋友。如果有钱了就摒弃穷时的旧友故交，或者巴结富贵人，这人可不怎么样。第三，看他做官时推荐了哪些人，只有真心为您效力的人才会为您推荐天下最贤良的人。第四，看他不做官时的状态。如果不做官了还摆做官的架子，接受别人的馈赠，像当官时一样威风，那他就不是一个忠心的人。第五，看他穷时的表现。如果他贫穷了，就去花不是从正路来的钱，那他就不是一个贤德的人。只要您按照这五个标准去衡量他们，就可以做出决定了。”魏文侯听后豁然开朗，知道自己该任用哪个为相了。

接着，要认真地考察他的能力，根据他的才能与职位的匹配度来考虑任用情况。人与人之间的能力差别很大，有程度上的差别，也有侧重点上的差别，比如：A能写一手好文章可是不善于与人交流；B的亲和力强可是做事常常是三分钟热度；C能坚持，有耐力和意志力，可是对新环境的适应力差。凡此种种，不一而足。人才工作的核心是“以用为本”，所以，用人者要看被用之人掌握哪些技能，精通哪些技能，根据个人能力的实际情况给予他充分发挥的舞台。

唐太宗让封德彝为他举荐贤才，过了好久，封德彝也没有给太宗一个答复，太宗很是纳闷。问到封德彝头上时，他略带委屈地说：“不是我不尽心啊，只是当今世上根本没有旷世奇才啊。”太宗责备他说：“尺有所短，寸有所长。用人跟用器物一样，要知人善任，大材大用，小材小用。古往今来那么多的治世帝王，难道他们的将相都是从别的朝代借来的？不能因为你自己的认识偏颇就否定了这世上那么多优秀的人才！”虽说江山代有人才出，但识才、用才才是关键。

有人的地方就有江湖，人就是江湖，更何况中华民族几千年传承而来的文化本质就是以儒家思想为核心的宗亲文化。当小有抱负的人因求职无门而感叹社会不公，“立中正不考人才行业，空辨氏姓高下”时，多么期望在上位的领导能够想起墨子的告诫，摒弃任人唯上、任人唯党、任人唯亲、任人唯钱的做法，“举公义，避私怨”，从发展的实际需要出发，选择真正能够胜任工作的人。小至“治邑”，大到“治国”，做到“以德就列，以官服事”，“有能则举之，无能则下之”。切记：得人者昌，失人者亡。古往今来，概莫能外。

君子爱才，取之有道

据说，刚刚出生的婴儿，拳头是攥起来的。民间有两种解释：其一，是因为转世前的灵魂曾在阴曹地府立下了投胎后一定要出人头地的慷慨誓词，攥起拳头、咬紧牙关，在新的轮回中努力奋斗；其二，是因为转世前的灵魂知道此次轮回到了人间必又是痛苦的一遭，攥起拳头、咬紧牙关，准备面对一个新的苦痛人生。无论起初是出于意气风发还是迫于无奈，等到我们长成了少年、青年，经历了成人礼，结了婚，生了子，子又生子，我们还会常常攥着拳头。佛说，“生即是苦”，生命受了许多条件的限制，不自由，且不圆满。终于有一天，一个叫马斯洛的美国人说，人都需要发挥自己的潜力，表现自己的才能；只有当人的潜力充分发挥并表现出来时，人才会真正地拥有满足感，真正地实现自我。而在自我实现的创造性过程中，人会产生出一种所谓的“高峰体验”的情感，这是一种短暂的狂喜、入迷、出神，是一种极大的幸福感和愉快，是人存在的最高、最完美、最和谐的状态。

“高峰体验”，多么让人向往啊。马斯洛又说，自我实现是人最高层次的需要。人要能够吃得饱，穿得暖，睡得好，满足了一切生理上的需要，感受到在生理和心理两个方面都是安全的，并且在社会中能够与人良好交往，尊重别人，被人尊重，在此之后才能够产生出对于实现自我的强烈需求。而上述种种需要的满足不仅仅是个人的问题，它更是一个群体问题。人是群体动物，人一切的欲求行动都要靠多方力量的配合与支持，其中管理者的态度至关重要。良禽择木而栖，“最好的管理者应该懂得如何促进被管理者的健康。办法有两个：一是满足被管理者的基本需求，包括对安全感、归属感、情感关系、友谊关系的需求，以及对声望和自尊的需求。二是满足他们高层次的动机或需求，例如对真、善、美、正义、完美以及规律的需求”。

这种管理者对被管理者物质层面与精神层面的关照，在西方心理学中被称为“激励机制”。应该说，人类进入氏族时代，有了部落首领那一刻，激励机制就在被首领们自觉不自觉地运用着。我国传世典籍中不乏对于激励机制的系统论述。

魏文侯问李克：“如何才能治理好国家呢？”李克回答道：“我听说国君要治理好国家要做到以下四点：给付出劳动的人食物，给建立功勋的人俸禄，任用有才能的人，并且要赏就要实行，要罚就要得当。”文侯大惑不解：“我赏罚都得当，但是百姓还是不归附于我，这是怎么回事呢？”李克想了想，说：“大概是因为国内那些放纵游乐的人吧！我听说，要让百姓归附就先要取消那些放纵者的俸禄，然后用这笔钱去招揽国家的有志之士。放纵游乐之人中大多数都是官二代。父辈们打江山，建功立业，所以国家奉养他们是应该的，然而他们的后辈没有功勋却也享受着父辈的待遇，国家要从财政中支出钱来专门养着他们。官二代们出门乘着车马，穿着华服，在家则沉迷于竽琴钟石一类，算得上荣华富贵。而国家的有志之士要么被忽略，空有抱负却无处施展，迫于无奈地过着庸碌的生活；要么居于底层，不被重用，仅靠微薄的俸禄养活一家人，这是多么不公平的现象啊。所以说，取消官二代们认为理所应得的俸禄，除非他真的有真才实干；用奉养寄生虫的钱去招揽天下贤士，以厚禄奉之。只有这样才能算得上是公平的国度，才是安抚民心、使天下归附的方法啊。”

在那个抢夺人口与土地的时代，李克的想法代表了大多数士子的心声。国家要长治久安就要合理用人，而要从真正意义上实现人尽其才，领导者就要真正地把人才放在心上，为他提供良好的工作环境和生活环境，解除后顾之忧，给予他肯定和尊重，并通过物质奖励和精神鼓励等方式激发他最大的工作热情。墨子将领导者应有的激励机制概括为八个字：“富之，贵之，敬之，誉之。”对那些贤良之士应让他们得到富贵荣华，使他们受到人民的尊重，得到很高的荣誉，并且封给他们高层的爵位，赐给丰厚的薪水，交给他们重大的任务，授予他们发号施令的权力。“高予之爵，重予之禄，任之以事，断之以令”，这样，王公大人就能得到更多的贤良之才。

譬如要使一个国家的善射的人增多，就必须大肆鼓励人们学习射御之术。怎样鼓励？很简单，让现在能够百步穿杨的人富裕起来，使他们显贵，尊敬他们，赞誉他们，这之后百姓们一定会趋之若鹜，国君的目的也就自然达成了。对于那些国家的珍宝、社稷的良佐，要让他们发挥最大的工作热情，更要做到“富之，贵之，敬之，誉之”。更因为，“爵位不高，则民弗敬；蓄禄不厚，则民不信；政令不断，则民不畏”。贤良之士虽然具有高出一般人的智能才干，但也不可能凭空办事啊，必须给他们一定的社会条件，为他们创造一个良好、顺达的工作环境。

与此同时，墨子也告诫在上位者“贤者举而上之，富而贵之，以为官长；不肖者抑而废之，贫而贱之，以为徒役”，要做到“不义不富，不义不贵，不义不亲，不义不近”。凡是不义之人，就不能让他富裕，不能让他高贵，也不能依靠和亲近他。一旦贯彻了这个原则，那些有钱人就会想："我以前依靠的是金钱来获得权势，如今天子推举贤士不分贫富，所以我现在不能不行义了。"那些贵族家属就会想："以前我靠的是血缘关系，如今举贤士不分亲疏，那我现在不能不行义了。"那些王公大臣的心腹就会想："以前我靠的是和王公大人关系密切，如今天子选举贤士不分远近，看来，我不能不去行义了。"而那些远离王公大人的人也会想："当初我与上司太疏远无所依靠，如今天子举贤士不避远近，所以我必须得加倍行义了。"如此一来，无论是做官的还是耕田的，都知道了天子只爱行义之人，全国上下就会争先恐后行善为义，积极向上，这样天下便人才济济，贤士辈出，国家便可实现大治了。

五

侠之大者 义薄云天

誰下鳳刀紅破碎
細分蟬翼絳叅差

人若有信仰，便是幸福的。信仰是人们对世界观、人生观、价值观的选择和持有，它能够让人的心充实起来，让人的意志有了一个追求和寄托的对象。中国从来都不是一个缺乏信仰的国度，只是，今天的你信仰的是什么？

儒墨之义，和而不同

而今打开电视，穿越题材的影视剧铺天盖地。主人公带着21世纪的智慧、眼光和胆识回到质朴的人类童年，在异世找回自信，大展抱负，感受幸福。倘若穿越是真实的、自由的，你会选择回到哪个朝代？你会去兵戈交锋的春秋战国吗？你若是个文人，那么你是会追随诸子投入某个学派的门下，还是会自立门户，在唇枪舌剑的战场上与诸子们思想交锋？

班固在《汉书·艺文志》中写道："诸子十家，其可观者九家而已。皆起于王道既微，诸侯力政，时君世主，好恶殊方，是以九家之术蜂出并作，各引一端，崇其所善，以此驰说，取合诸侯。其言虽殊，辟犹水火，相灭亦相生也。仁之与义，敬之与和，相反亦相成也。《易》曰：'天下同归而殊途，一致而百虑'……若能修六艺之术，而观此九家之言，舍短取长，则可以通万方之略矣。"班固的见解独到精深，可惜在宗法专制社会很难为统治者所接受，不然也不会有后来的"罢黜百家"，从那一刻起关于诸子思想的整合就真的只是一个梦想了。

然而，历史不可重写，不等于我们就失去了书写未来的可能。现代社会的多元性为博采诸家、舍短取长开辟了道路。即使是像儒生、墨者对于义与利的争执，我们也可以分剥整合，形成互补，对当下个人至上、竞奢弄富的社会进行价值观上的引导。

“仁义礼智”是儒家思想的基本范畴。从《论语》中我们可以看出，孔子多次论及“君子”与“义”的关系。“君子以义为质”（《论语·卫灵公》），“君子以义为上”（《论语·阳货》）。义者，宜也。宜，就是适合、恰当，把力量用在该用的地方。段玉裁在《说文解字注》中解释说：义之本训，为礼容各得其宜。礼容得宜，则善矣。故而，义又与美、善同义。儒家的义着力于个人的道德修养，靠的是君子去感知、去体悟，在社会生活中将美善的思想、适宜的言行展现出来。所以，儒生君子自定义为介乎圣人与小人之间的道德修养的完美体现，在现实生活中也往往给人留下一种清雅的知识分子的形象。孔子在陈蔡断粮七天，跟外面不能联系，随从的人都相继饿倒，孔子却泰然自若，入帐内弹琴，这是怎样的一分对礼义和德行的坚持啊。“富贵不能淫，贫贱不能移，威武不能屈”是义的大端，能行大义是个人道德修养自我体验、内省和躬行践履的结果，是思想境界提高、完美的标志。

个人操守的修炼是如此，君王治国亦是如此。孟子去见梁惠王，一见面，梁惠王就说：“您都这么大年纪了，不远千里跑到我梁国来，是有对我的国家有利的好想法吗？”孟子深深地行了个礼，恭敬地说：“大王您何必一见面就谈利益呢？有仁爱的心和裁断合宜的举止就够了。王啊！您若是总强调怎么样才能对您的国家有利，那么，您下边的一些文武百官就会上行下效。他们会说：‘得怎么样才能对我家有利呢？’而那些帮您的幕僚和您的老百姓，也就不会去想有利于国家的事，只是想着：‘怎么样才能对我自己有利？’上边也要有利于自己，下边也要有利于自己，互相为利益而争斗，如此一来，您的国家很快就有危险了。”

因此，儒家讲义，从小的方面说，就是讲个人的道德人格；往大的方面讲，就是治国平天下之仁政，其总的倾向都是要超越个人的自然物欲和现实利害的。

而墨家认为，人生下来就得穿衣吃饭，“衣食者，人之生利也”。“生利”就是人赖以生存和生活的物质条件。只有人民的生存大计解决了，社会才能少暴乱、少纷争，国家也才能维持基本正常的运转。所以，墨子看到并感受到的是人民“饥不得食，寒不得衣，劳不得息”，在上位者却夺民之用、废民之利、贪民之财以满足自己雕车画舟、高台楼榭、钟鼓笙瑟的奢靡。百姓的苦楚深深地刺痛着墨子的心，他为民代言，奔走呼号：做人、治国都要行义，义是至上的，这是天要人遵循的价值规范。而“除天下之害，兴天下之利”是上天对大义的规定，人切不可冒犯。

墨子说：“义，利也。”与儒家所贬斥的个人私利不同，墨子所言之利是利民之利，是群体之利，是普遍的、属于各个阶层的“国家百姓之利”。墨子所言之利不是单向的，而是施受双方彼此交互的，正如《诗经》上说，“投我以桃，报之以李”。同时，墨子所言之利也不仅指一般的物质之利，还包括“功益之利”，换言之，凡是在目前或未来能对人民、国家产生功效，起到良好作用的，即对人民利益有好处的事物，都可以称之为“利”。农夫早出晚归，努力耕稼树艺，多积蓄粮食；妇女早起晚睡，努力纺纱、绩麻、织布，多备御寒之衣，这些都是义举。因为只有这样，全国人民才不致困顿、冻馁。可见，墨子把关心人民疾苦、兴天下之利看成是义。义不再是个空洞的概念，它是以利为内容的，不能脱离利而单独存在。“何以知天之欲义而恶不义？曰天下有义则生，无义则死；有义则富，无义则贫；有义则治，无义则乱。”（《墨子·天志》）那么，凡是能够给人民带来效用的事，不论艰难险阻，都要拼命去做，哪怕“腓无胈，胫无毛，沐甚雨，栉疾风”，也在所不惜。

显然，儒墨两家在“义”的判定上侧重点不同。儒家立足于精神层面的弘道，而墨家立足于物质层面的功益。墨家的功益有利于生发经济自身的潜能与活力，而儒家的弘道则有利于规范人们在经济前行路途中的方式和方向，二者并非水火不容。如若能将二者合而为一，既鼓励人民利人利己，又规劝人民行事适宜，彼此增益互补，天下久安矣。

世间万事，莫贵于义

楚、越分据长江而治，故战事频发。楚国居上游，越国处下游。楚人顺流而进，逆流而退；进攻时易，退守却难。越人则不同，进可攻，情况不利时，调转船身就跑，于是，越国屡次得胜。一次，公输般自鲁国南游至楚，为楚国发明了一种叫“钩拒”的机械，专门用来舟战。当敌军处于劣势时，“钩”能把敌军的船钩住，不让它逃跑；当敌军处于优势时，“拒”能抵挡住敌军冲上来的船只，不让它追击。这样处于上游顺水势交战的楚舰就可克服机动性的不足，在战争中稳操胜券。公输般自以为至巧，就向老对手墨子夸耀道：“我的战舰有钩拒，不知你的‘义’有没有钩拒？”墨子反驳道：“我这‘义’的钩拒，比你那舟的钩拒好。我用爱来钩，用恭来拒。不用爱钩，就不相亲；不用恭拒，就会轻慢。人与人之间若是轻慢又不相亲，很快就离散了。所以互相爱，互相恭，就等于互利。而你用钩去钩人，别人也用钩来钩你；你用拒去拒人，别人也用拒来拒你，互相钩、互相拒，也就等于互害。你舟的钩拒能比得过我‘义’的钩拒吗？”

墨子视“义”为人间爱的利器，它能平定战争却不伤一兵一卒，它虽无形却力量强大，比世上最杰出的工匠打造的任何战备都精巧。在他看来，世上没有什么武器能敌得过义，也没有什么事情能比“义”更可贵。这一点很容易理解。假若现在有人对你说，送给你帽子和鞋子，但条件是要砍断你的手和脚，你会答应吗？一般人肯定不干。为什么呢？因为鞋子和帽子没有人的手脚珍贵。那么，倘若是把天下送给你，但条件是你得死，你同意吗？你也一定不同意。为什么呢？因为即使是天下也不如你的生命珍贵，人都要死了，拥有天下又有什么用呢？可是，这个世上常常会有人因为争辩一句话而厮杀，他们的争辩绝不是意气用事，更不是一时冲动的匹夫之勇，而是为了捍卫真理、捍卫义，这就是把义看得比自己的生命更重要。鲁国有个人与墨子交好，他的儿子也拜在墨子门下，结果他儿子为了行义在战争中死了，他就跑过来很是伤心地责备墨子。墨子很无奈地说：“你要让我教你的儿子，现在学成了，为义战而死，你却怨恨我；这就像买卖粮食一样，我帮人家把粮食卖出去了却招致了怨恨，难道不荒谬吗？”

“万事莫贵于义。”在墨子眼中，任何事情都不能和行义相比，没有比行义更重要的事情了。义不是由人制定的，而是天意的安排，人是不能违天的。

天是至善的，它要人们相爱相利；天是公正的，它赏善罚恶，主宰着人间的祸福吉凶。对于天而言，没有什么山林深谷、幽僻无人之所，天的目光无处不在、无时不在，它在冥冥中注视、观察着人类的每一个角落。正所谓，“头顶三尺有神明”。人在做，天在看。人应该去做天所希望的事情，人敬天，顺从天意，天也会去达成人的心愿。那么，天想要什么，又讨厌什么呢？天希望人们能够认真美好地生活，在安定有序的社会中过着富裕幸福的日子。天希望人们行义，而不是做不义的事，因为义是天爱人的表现，是天意统治一切的指归。墨子说，义出自于天，天的超验，由鬼沟通，联系于人，人便有了由天志、天意安排设定的义。人的言行一旦符合了天志、天意，就是在行义，反之，人若是行义，也就是顺了天意。“凡言凡动，利于天、鬼、百姓者为之；凡言凡动，害于天、鬼、百姓者舍之；凡言凡动，合于三代圣王尧舜禹汤文武者为之；凡言凡动，合于三代暴王桀纣幽厉者舍之。”（《墨子·贵义》）看来，无论是君王，还是黎民，人的言语与行为必须有利于天、鬼、百姓，合于三代圣王之道，顺天之意才能得到天的垂爱和奖励，因之则生、则富、则治；逆天之意必定会受到天的唾弃和惩罚，因之则亡、则贫、则乱。

显然，墨子是寄希望于天去规劝百姓和在上位者相爱相利、行善行义，不过，他的告诫与警示是不是真正意义上被人们接受，能不能改变人们原有对私欲的信仰而行义，会不会对统治者的治国方略产生影响，就要看天在人心目中的威严究竟有几分，会不会让人因畏惧而生出虔敬来。不管怎样，墨子的一生都在行义，也极力地劝导人们行义。公孟子曾因为这事半开玩笑半认真地对墨子说：“先生您省省口舌吧。谁不知道应该做好事行义呢？善与义就像是美玉，就算藏在角落里，它还是会折射出陆离的光彩，吸引人们的注意，自然而然地去接近它。您何必大张旗鼓到处宣扬呢？酒香不怕巷子深，庭院幽幽锁佳人。如果女孩子长得美，躲到深闺，一样有人上门求婚，但倘若女孩子跑到街上逢人便说，‘看，我多漂亮，来娶我吧’，男人们反而会跑掉，不要她了。您可好，遇到个人就说‘行义好，行义好’‘要行义，要行义’，搞出这么大动静来有用吗？想想我都替您累得慌！”墨子并没有生气，他知道这不是公孟子一人的想法，社会上有千千万万个“公孟子”看不清世事也读不懂他，革命尚未成功，改变“公孟子”们的想法便是他的使命之一。所以，他微笑着说：“现在世间混乱，是非颠倒；追求美女的人多，向善行义的人少。人们的脑子像植入了GPS一样，只要是美女，不论出身、不论地域、不论年龄，都会被探测出来，一旦美女浮现，她的门前便会车水马龙了。可善和义命运不济，你不告诉人们什么是对的，人们还真未必知道；就算有人知道，你若不提醒，也往往看不到，做不到。这是血淋淋的事实啊。再者说，劝人行义益处多多。倘若劝说成功，人人行义，万民得福，你我也是受益者。好比有两个占卦先生：一个主动出门拉业务，替别人卜卦；另一个守株待兔，愿者上钩，哪一个所得的赠粮多呢？自然是前者。主张善与义的道理也是一样的，我们主动出门劝说，我们的功绩和益处就越多，那还为什么不出来劝人行义呢？”

在墨子看来，他的“行义”的主张可以拯救乱世，他不管别人怎么议论他，总在不厌其烦地传播他的主义。他说，有力量的要尽量去帮助别人，有钱财的要尽量去资助别人，有好道术的要尽量去教诲别人。义的实现是他最终的目标。为“义”他殚精竭虑，呕心沥血，连休息都成了奢侈品。每到一处，新砌的烟囱还未熏黑他就要搬走，急匆匆地赶往下一处实施他的救世主张，于是，后世就有了一个成语“墨突不黔”来描述他为“义”鞠躬尽瘁，为行天下之事辛勤奔忙的情况。一次，墨子从鲁国去齐国，途中遇到一位故交。故交见墨子风尘仆仆，面容憔悴，不免几分心疼地对墨子说：“现在天下哪还有讲义的人了，你为行义奔波操劳却自讨苦吃，何必呢？算了吧！”墨子坚定地对他说：“正因为天下行义的人少了，我才要更加努力地行义啊！假如这里有一个人，他虽然生了十个儿子，可是只有一个儿子每天去地里耕田，其他九个都不干活，那么这位耕田的儿子就不得不加倍努力地种地，因为吃饭的人多，而耕田的人少啊。现在天下行义的人越来越少，你应该勉励我更加加倍地行义才是，怎么能劝我放弃呢？”这就是壁立千仞、以义至上的墨子。

见义忘利，唯义是图

贤人当以天下大义为本，不为名利所动。背弃了“义”，无所谓“贤”。

墨子该是彻彻底底的贤者，因为他是一个不为名利所惑的哲人。他把义看得比什么都重要，宁愿量腹而食，度身而衣，一生过着清苦俭朴的生活，也决不拿义做交易，去换取高官厚禄、锦衣玉食。他一生中升官发财的机会很多，但都因其梦想无法照进现实而一一拒绝。拿义去做交易，换取个人的私利，这在以义为本的墨子眼中是天下最大的不耻之举，甚于娼妓所为，娼妓出卖的只是肉体，而以义易名、以义易利出卖的则是人的道义与灵魂，是万万不能干的。

为了义，墨子行走在路上，四海纵横，宣扬墨学。这一日，他游历到了楚国，于是就将自己著的一本书拿去献给楚王，希望得到他的认可。楚惠王接受了献书，仔细阅读后大为惊叹：“真是一本好书啊！墨翟先生真是当世的贤才。我虽未得天下，但是愿意出重金奉养您，请您留在楚国吧！”墨子听了楚王的一番话后，幽幽地说：“我听说凡是贤人进见君王，如果贤人的议论不被采纳，就不能无功受赏；如果贤人的义理不为君王所听信，就不能在君王的朝中任职。现在我的学说没被君王采纳，还是请让我走吧。”墨子打点行装准备离开楚国去往下一个地方，他想临走前向楚惠王辞个行，楚惠王得知后就以自己上了岁数不方便为由婉拒了墨子的约请，派大臣穆贺前往会见墨子。

墨子与穆贺见面后，就向穆贺陈述了自己的治国方略和政治主张。穆贺对墨子的学说颇为赞赏，但他心有疑虑："墨翟先生，您的想法真的很不错。只是君王是天下的大王啊，是至圣至贤的人，恐怕他不会采纳这些出于贱人的主张的。"墨子说："治国策略最重要的是实用。就如同草药，虽是一团草根，可是天子食之能够治病，难道能因为它是草根就不给天子食用吗？又如农夫向王公大人纳税，王公大人用农夫缴纳的税款置办酒肉来祭祀上苍、鬼神，难道能因为器物供品出自贱人的钱财上帝、鬼神就不享用吗？我听说，昔者汤将往见伊尹，令彭氏之子给他驾车。彭氏之子在途中问汤：'君王您要去哪儿？'商汤告诉他是去伊尹那里。彭氏之子好奇地说：'伊尹身份低贱，君王该召他来觐见才是啊。'商汤摇摇头说：'你不明白啊。如果现在有一服好药，吃了后耳朵能听得更清楚，眼睛能看得更真切，那我肯定高高兴兴地把这服药吃了，对吧？现在对我的国家来说，伊尹就是良医善药，你要是阻止我去见他，就是不让我向善啊。'如果君王们能学习商汤，就会采纳贱人的主张了。"穆贺微微地点头，眼中满是钦佩。

墨子要走这事，传到了鲁阳文君的耳朵里，他马上求见楚王，对楚王说："墨子可是北方有名的圣贤之人。君王不接见他，也不对他施以重礼，恐怕白白丢失了一位人才。"楚惠王于是命令鲁阳文君将墨子追回来，并以五百里的土地赐封于他，但墨子坚决不接受，毅然离楚而去。墨子所关心的是自己的理想能否实现，并不是个人的功名利禄，他孜孜以求的是天下之大义，而不是个人之私利。墨子秉行"道不行不受其赏，义不听不处其朝"的做人原则，决不拿理想与信念做交易，千名万利皆可为浮云，唯有大义沉甸甸地放在心里。

止楚攻宋是墨子游历生涯的一个大事件。《墨子·鲁问》篇追忆这个事件时补了一笔：墨子说服了公输般和楚王，公输般对墨子说：“未见先生之时，我想助楚王得到宋国。可自打见了先生，听您说了那番话，现在只要有一丝一毫的不义，就是有人把宋国送给我，我都不要了。”墨子说：“……如此说来，好像我已经把宋国给了您了。您若能努力行义，我还要把天下送给您哩。”看这一件事，可以想见墨子一生的慷慨好义。

哲学家杜威说：“知识分子的特征有两方面，一是独立思想，不肯把别人的耳朵当耳朵，不肯把别人的眼睛当眼睛，不肯把别人的脑力当脑力；二是个人对自己思想信仰的结果负完全的责任，不怕权威，不怕监禁杀头，只认得真理，不认得个人利害。”汉语中的知识分子是现代才有的概念，是学者们对应于西方的知识分子群体，找到的一种表述方式。从杜威的解读中，我们发现如果仅从字面意义去理解，把知识分子当成是读过书的文化人，就失之偏颇了。知识分子，在我看来，更近于墨者。他们拥有智慧，能言善辩，拥有自己的哲学信念，以事实说话，具有批判精神，并且他们了解自然，懂得科学，更重要的是，他们以维护天下之大义为使命，有着强烈的社会良知与责任感。尽管墨者讨厌一切的艺术形式，但是那是时代环境造就的，也是出于对社会民生思考的结果。时下受过良好教育的知识分子是不是也该像墨者一样，肯于、敢于在物欲横流的年代守护着那份珍贵的“以天下为己任”的良心？笛卡儿说：“良知，是人间分配得最均匀的东西。因为人人都认为自己具有非常充分的良知，就连那些在其他一切方面全都极难满足的人，也从来不会觉得自己的良知不够，想要再多一点。”其实，知识本身就源自人的良知，在于追求人类的美好。良心是柔软的枕头，枕着它，才能安然入眠。

言出必行，说到做到

《墨子》中有姓名可考的弟子十八人，能谈到样貌的少之又少。在《墨子·备城门》篇中，我们看到了墨子的大弟子禽滑鳌——禽滑鳌侍奉墨子三年，手脚全都磨出了老茧，皮肤也晒得焦黑。是不是墨子的每个弟子都这样？百人百面，恐怕不能一概而论，可以肯定的是，墨子的每个弟子都以墨子为榜样，在思想上学习他的为公利自我牺牲，在生活上学习他的以苦为乐、劳作不休。故而，墨子的弟子也一定是以天下之利为己任，把节俭奉为生活原则，衣食住行不求华丽，不求豪奢，只要“量腹而食，度形而衣”，“足以辟润湿”、“御风寒”就可以了。但是，能够称得上是墨子的弟子，必须有坚韧的意志、超强的行动力，能够像大禹一样日夜不休、心怀天下，“不能如此，非禹之道也，不足谓墨”。因为只有拥有了坚韧的意志和超强的行动力才能传播义，践行义，为义而存在，为义而献身。

告子对墨子自夸说，我有治国手段。墨子说，治国的事一定要能说能行，那才叫真正懂得了“治国”的意义，现在只听你满口夸耀，却不见你去实行，这是言行不一。你连自己都管不好，又怎么谈得上治理国家？你不要再给我提什么治理国家的事，先想办法治理你本身吧。“言足以迁行者，常之；不足以迁行者，勿常。不足以迁行而常之，是荡口也。”言论足以付诸行动的，就推崇它；不足以付诸行动的，就不要推崇。不足以付诸行动，却要推崇它，无论什么言论就都成了空言妄语了。所以，思想信念可否站得住的关键在于“行”。

一次，巫马子质问墨子：“你东奔西走地行义，人们看到了不会感激你、给予你帮助，鬼神看到了不会给你恩赐，让你富足起来，可先生你却还是一意孤行，这是不是害了疯病呢？”墨子反问道：“现在假使你有两个家臣在这里，其中一个见到你就做事，看不见你就不做事；而另外一个见到你也做事，不见到你也做事，这两个人之中你看重谁？”巫马子毫不犹豫地回答说：“我当然是看重那个见到我做事、不见到我也做事的人了。”墨子笑着说：“既然这样，你也看重有疯病的人。”

是啊，行义怎能说是做给别人看的呢？“行”是坚持自己信仰与学说的自然而然的外显形式啊。心里说“我爱”，还要去告诉他人和你一样地去爱，因为爱的人越多，你的信仰和学说就越容易被那些旁观者理解和接受，梦想照进现实的可能性就越大；心里说“我爱”，还要去告诉他人如何去爱，用你自己的言行做表率，让人们看到爱你的学说会给这个世界带来什么，因为美好地活着是所有人孜孜以求的。爱一个主张，拥有一个信仰，就不要避毁就誉，不要为一时的闲言所左右，要坚定地走下去，不畏艰难地做下去。只说不做，无论多么美妙的想法都成了空谈，沦为“荡口”了。

可有人又有了不同的意见。儒生公孟子对墨子说：“行善就行善吧，何必忙于宣传？”墨子回答说：“公孟子，您可知现在是乱世，人们失去了正常的是非标准，求美者多，求善者少，如果我们不站起来勉力引导，辛苦传扬，人们就不会知道什么是善了。”

面对各种劝阻，墨子很无奈地给那些劝他不要奔波游说的人打了个比方：如果你到了一个地方，那里的人都不懂农事，从未种过庄稼，那你是应该一个人埋头耕作，还是应该热心地教当地人耕作呢？你一个人独自耕作对他人没有任何益处，可是你教人耕作，让更多的人懂得稼穑，这才是真正的义举。我到各地游说，也是这个道理。墨子说，为了不使天下人挨饿，我曾想去种地，但一年劳作下来又能帮助几个人？为了不使天下人挨冻，我曾想去纺织，但我织出来的布还不如一个妇女织得多，能给别人带来多少温暖？为了天下不再有恃强凌弱、以大欺小的战争发生，我曾想去帮助弱者、小国作战，但区区一个士兵，能杀多少敌人，能抵御几个侵略者？既然如此，我就该选择一个真正能够践行义的有效方式，以历史上最好的思想去晓谕王侯贵族和平民百姓。这样一来，“刑政治，万民和，国家富，财用足，百姓皆得暖衣饱食，便宁无忧”的愿望就能达成了。

然而，墨子自己也承认，他所有以义为宗旨的主张，如“兼爱”“非攻”等十事，在推行的时候也是很有难度的。世俗君子看待行义之人还不如一个背着米行走的人。倘若有君子看见一个人背着米，在路边休息，想站起来却起不来，他一定会去帮助这个人，因为君子们觉得助人是义举。而面对将义的学说，世俗的君子不但不实行反而一股脑地加以非议、诋毁。墨子对这些世俗君子鲁莽草率的行事作风非常痛心。本应是成长为贤人的士，为官为学却随心所欲，甚至胡作非为，还不如从商之人使用一个钱币谨慎。商人用钱时，哪怕是一个子儿，也都要做出再三的权衡，不会胡乱花费。而现在的世人则不是这样，心里怎么想，实际就怎么做，结果，过错严重的就陷入刑罚，过错轻的就蒙受非议羞耻。所以，墨子再三告诫弟子，行义一定要保持审慎的态度，万万不可悖道义而行。沉默之时能思索，出言能教导人，行动能从事义。去掉喜，去掉怒，去掉乐，去掉悲，去掉爱，以仁义作为一切言行的准则，让手、脚、口、鼻、耳都用来从事义。

墨子一生门徒众多，他言传身教，以身作则，故墨家弟子深得其精髓，多能极力而贯之。墨子把他的许多学生推荐到各国去做官，为的不是仕途腾达，而是行天下之义、推墨家之法。不过，倘若墨子弟子所侍的君王不愿采纳墨家的主张，弟子就要断然离任，到有利于推行墨家思想的国家去。这一点很了不起。墨子推荐高石子去卫国做官，卫国国君见是墨子推荐来的，就给高石子以丰厚的俸禄，安排在卿的爵位上。高石子在国君上朝时，曾接连三次提出自己的主张，均不被卫君采纳，于是他毅然辞去高官厚禄，离开卫国到齐国去。经过鲁国时，高石子向墨子说明了去卫就齐的原因，并说："我这样离开卫国，卫国国君必定以为我疯了。"墨子说："如果离开卫国，合乎道义，那就走自己的路，让别人骂去吧。"

行义之路道阻且长，能忍辱负重、抵御诱惑地将信仰进行到底一定是需要有强大的意志力做支撑的。墨者"摩顶放踵"的实干精神不仅适用于他们的时代，更适用于今天这个多元复杂的时代。"天下无人，子墨子之言犹在！"墨家精神，归去来。

赴火蹈刃，死不旋踵

春秋战国可谓乱世，也许正因为乱世，总有些故事像漂浮在海上的泡沫，让人的心底泛起一抹酸涩与忧伤。专诸要为公子光去刺杀吴王僚，专诸的母亲怕儿子担心她，竟然上吊自杀了。专诸苦学烧鱼厨艺，将匕首藏于鱼腹中，终于刺杀成功，而他也被砍成了肉酱。聂政刺杀韩相，虽行动成功却被士兵围杀，咽气前，他用长剑将自己的眼珠挖出，把脸划烂，为的是掩盖自己的身份好来保护他的姐姐免受牵连。荆轲为燕太子丹刺杀秦王，“风萧萧兮易水寒，壮士一去兮不复还”。豫让为智伯报仇不惜残害自己的身体埋伏在赵襄子左右，最终在赵襄子的衣服上刺了三剑后自杀，留下了“士为知己者死”的精神宣言。每每读到这些刚烈永诀、义无反顾的故事，都会让人扼腕。许是太史公也为之动容了吧，所以在他的《史记》中专门辟出《刺客列传》与《游侠列传》去记述那些意志坚韧、光明磊落、仁义忠诚的勇者。

豫让在表明他的刺杀动机时说：“吾所谓为此者，以明君臣之义。”他试图用以死酬知己的行为去证明人的忠义和人间的道义。像豫让这样的价值认知在春秋战国时是一种风尚，信义重于生命，甘为一些理念、原则而执著追求甚至献身牺牲是当时社会所推崇的道德品质之一。而这种任侠仗义的作风在墨家集团中也得到了集中反映。

墨家集团实行“钜子”制度，“钜子”是墨家的掌门，采用禅让制。“钜子”的地位极其高尚，因为他是秉承墨家之义的圣贤，也是墨家之法的执行者，以个人的品格和道德力量影响并震慑着所有墨者，颇有些宗教领袖的意味。因此，墨者都对“钜子”绝对服从，并为之赴火蹈刃，死不旋踵。《吕氏春秋·上德》篇记载的一则墨者舍生取义的故事生动地说明了这一点。

墨家“钜子”孟胜与荆国的阳城君交好。荆王死后，阳城君参与了吴起兵变。结果，兵变失败，阳城君逃亡了，把荆国托付给孟胜。孟胜见守国无望，打算以死报阳城君。他的弟子徐弱劝谏孟胜说，如果孟胜死了，那从今而后恐怕世上就再无墨者了。孟胜却说：“子墨子曾经教导我们，言必信，行必果，使言行之合，犹合符节也。我既然答应了要为阳城君守住荆国，就得说到做到。可你我都知道，以现在的情形来看，我是一定要辜负阳城君了，如果我不以身殉职，世人会以为墨者言行不一，贪生忘义。我们墨家正是因为有以死报知己、以命践信义的精神，才使得墨者在社会上受人尊敬，才会有寻求严师、贤友、良臣的人到墨者中来，如此墨学才不会绝。身为‘钜子’，若是贪生怕死、背信弃义，那墨学才真的要断送在我手中了。至于‘钜子’之位，你不必担心，我已将它传给宋国的贤良之士田襄子了，他会担起墨家‘钜子’的责任的。”徐弱听后坚定地说：“遵‘钜子’之言，我请先死。”孟胜死后，随其殉死的弟子有八十三人，另有两个弟子去宋国找田襄子传命授位，完成使命后，便匆匆赶回荆国以身殉义了。

讲完这个故事，不由得想起《史记·田单列传》中关于汉初五百壮士为田横蹈海自杀的记载，这就是古人的气节，言必行，诺必果，滴水之恩不单涌泉相报，还以性命相许。

儒家讲求的是可行则行，不可行则止；墨家则是求之不得，虽枯槁不舍。墨者们怀抱着特异的君子的德操，坚守道义，不与当代世俗苟合，尽管穿着粗布衣服，连粗饭都吃不饱也不舍对义的追求。说过的话一定守信用，做事一定果敢决断，许下的诺言必定要实现，肯于牺牲个人利益甚至是牺牲生命，去维护内心里那份对义的坚守。

下面这两个事件都与判罪有关，一儒一墨，天壤之别。

话说，鲁国有个人偷了别人的羊，结果被他自己的儿子给举报了。执法者没有对父亲施加刑法，反而将儿子给处死了，罪名是不孝，因为做父亲的犯了法，做儿子的就应当为父亲隐瞒罪行，不孝之责要比偷窃之罪严重得多。孔子得知后对执法者的评判大加赞赏，正所谓亲亲之爱就要亲亲之隐。

另一个故事。墨家“钜子”腹䵍的独子杀了人，秦惠王为腹䵍宽心道：“先生您这么大年龄，只有这么一个儿子，我已下令免他一死，您就听我的一次吧。”腹䵍却对秦惠王说：“杀人者死，伤人者刑，这是为了禁止乱杀，伤害无辜。禁杀伤人，是天下大义。大王您可以赦免他的罪行，但墨家不容许他杀人却不服罪，我不可不行墨家之法。”腹䵍最终还是杀掉了自己的儿子。这就是悲壮的墨者，别说腹䵍是个狠心的父亲，有谁能够看到自己的儿子死去却心如止水？腹䵍作为墨家“一同天下之义”的贤者，他只能有这一个选择。如果我们仔细想想，这不也正是大众所期待的司法人员公正与不偏私吗？梁启超先生评点墨者：“墨家的根本之义，在于肯牺牲自己。即‘士损己而益所为也’‘为身之所恶，以成人之所急也’。”

敲下这篇文字时，已是深夜。我静静地坐在电脑前，心中却翻滚着千万种的情感，只为了墨家的这种尚义利他的任侠精神，只为了这种忠肝义胆、无私无畏，只为了这种游走四方、仗剑天涯的豪情。墨者们的身影早已湮没在两千多年的历史长河中，然而，在他们身后千千万万的新墨者站了起来。记得电影《辛亥革命》开篇就让我眼角湿润，沉重的镣铐声中，秋瑾一步步坚定地走着，那步伐是对自己所做之事的肯定，更是向周围国人宣示的肯定。画外音响起："我此番赴死是为革命，中国妇女还没有为革命流过血，当从我秋瑾始，纵使世人并不尽知革命为何，竟让我狠心抛家弃子，我此番赴死，正为回答革命所为何事。革命是为天下人造一个风雨不侵的家，给孩子一个宁静温和的世界，纵使这些被奴役久了的人们早已麻木，不知宁静温和为何物。"

六

墨子的生态消费观

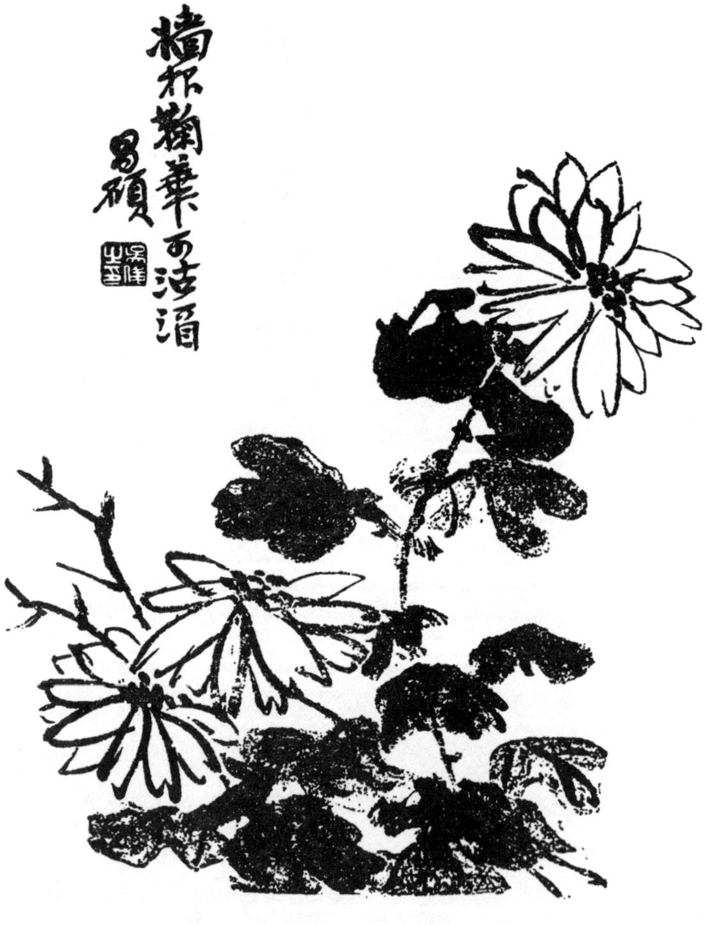
牆根菊華可沽酒
昌碩

有一个词肩负着人类的美好期许，它走出了学科的界限，成为出现在演说、报纸、网络、学术刊物等诸多传播媒体上的高频词。人们宠爱它，是因为时代需要它；人们宠爱它，是因为人们怕看不到人类的未来；人们宠爱它，把它当成是包治百病的万能良药，可是处方在手却又犹疑不决——to be or not to be：that is the question（生存还是毁灭，这是个值得思考的问题）。于是，一面是旌旗招展的宣扬，一面是无视它的破坏。这个被广泛冠名的词就是“生态”。墨子很时尚，几千年前就提出了生态消费的观念，只是不知他若能看到当下人们的消费态度，会不会心生悲凉？

俭节则昌，淫佚则亡

俗语说得好："只勤不俭，好比端个没底碗；只俭不勤，坐吃山空饿死人。"曾国藩在家训中教导子女，要"勤理家事"，"不可厌倦家常琐事"；"半耕半读，以守先人之旧，慎无存半点官气"，"以习劳苦为第一要义"；"家事忌奢华，尚俭"；"读书乃寒士本色，切不可有官家风味"，"居官不过偶然之事，居家乃是长久之计"。孔子说"齐家治国"，很多时候齐家之道与治国之道别无二致，若是把曾氏家书中对子女的劝勉用以君王将相治理国家也未尝不可。

其一，君王要勤政，不可怠惰。其二，君王要读书劳作，不仅为了明理，更重要的是能在劳作中体悟百姓之苦，更好地爱民。其三，君王要尚俭，不可崇尚奢华。古来君王数不胜数，而能做好上述三点的却为数不多。

春秋战国诸子们都提出过兴国安邦的举措，并且很多学派都涉及国家的财经问题。作为战国末期儒家集大成者之一的荀况在《荀子·富国》中详细地阐述了富民强国的策略：若要国家富强，就要爱护百姓，在收支上开源节流。开源指的是扩大生产，节流指的是节用、轻赋薄敛。亦即要一方面搞好农事，增加财政收入；

另一方面，君王要克制好自己的淫奢之欲，减少疲民之举，休养生息。如此一来，收入多，支出少，民就会富，民富了国就会强，正所谓“下贫则上贫，下富则上富”。

相较而言，墨子不仅重视在下者的农业生产，“男耕女织不可夺其时，百工劳作不可废其事”，还更加重视在上者对整个国家发展的作用和影响。

圣人治理国家不是靠向外掠夺土地来获利，而是根据现实状况省去无用之费使国家财利加倍增长。圣王施政，发布命令，使用民力和财物，首要考虑的就是实用，一切从实效实用角度出发，财物才不会浪费，民众也不会为无端的消费而劳作辛苦，国家的财富也就会越来越多。在墨子眼中，百姓们之所以拼搏一生仍旧过着饥寒冻馁的生活，其罪责在于上位者的奢侈浪费。古代圣王“其用财节，其自养俭，民富国强”，而现在的君主“厚作敛于百姓”，以满足自己的口腹之欲，耳目之欢。“为美食刍豢，蒸炙鱼鳖，大国累百器，小国累十器，前列方丈，目不能遍视，手不能遍操，口不能遍味，冬则冻冰，夏则饰饐。”为君之人一顿饭都这样极尽奢华，我们还能想象得出他其他方面的生活情况吗？也许这一餐吃下的是全国百姓一天的口粮，还让草民们怎么活呢？

无论你是王侯将相还是黎民黔首，吃饭的目的就是为了果腹充饥，穿衣的目的就是为了御寒防暑，盖房的目的就是为了抵御风霜雪雨、保护财产安全，制造铠甲、盾牌和戈矛的目的就是为了防止侵犯，制造车船的目的就是为了代步，那么，只要能实现每一项器物的价值，能为你所用就很好了，干吗要贴金贴银、雕花打磨，误民时、劳民力地追求那些附加在器物上却毫无功用的东西？还有那些王公大人闲暇时不思国事、不习文武，就爱好个珠玉、鸟兽、狗马的，这些劳什子还要民众负担，还让草民们怎么活呢？

草民们活不好，君王们的日子也长不了。物欲是这个世间最危险的一样东西，它是一袭金丝斗篷，金光灿烂之下掩盖着巨大的黑影，越是发出漫天的金光，越是掀起阴沟里的风浪。贤良的王啊，“俭节则昌，淫佚则亡”。所以，国家要兴盛，上位者就该省去那些不能增加实际利益的费用，使用资财的时候要像从商者一样谨慎不浪费。君王华而不实的要求少了，百姓的身心劳苦也就少了，人民可以有规律地劳作休息，种好地多打粮，从而摆脱饥饿困窘。人人都欢乐地生活、欢乐地缴税，国家怎会不富强呢？当然，如果能把王公大人用以购买玩物的花费移为他用，用这笔钱来置办宫室、铠甲、兵器、车船，那么等到有边境之患时，就可以有备无患、有恃无恐了。

“历览前贤国与家，成由勤俭破由奢。”商纣王在位后期，居功自傲，耗巨资建鹿台、造酒池，悬肉为林，修建豪华的宫殿园林，过着穷奢极欲的生活，使国库空虚。他刚愎自用，听不进正确意见，在上层形成反对派，使用炮烙等酷刑镇压人民。杀比干，囚箕子，年年征战，失去人心。周兵攻入朝歌，纣王登上鹿台，“蒙衣其珠玉，自燔于火而死”，商亡。秦始皇妄图长生不死，活到万岁千秋，享尽人间富贵。所建阿房宫之大，可容纳一万余人，又造宏丽无比的骊山墓。光这两项工程，就动用了不下七十万的役夫和刑徒，而当时全国人口也不过两千万左右。这种近于疯狂的豪奢行径，激化了本来就很尖锐的社会矛盾，陈胜、吴广揭竿而起，天下响应，大秦帝国瞬间土崩瓦解。宋徽宗在位期间穷奢极欲，荒淫无度，建立专供皇室享用的物品造作局；又四处搜刮奇花异石，用船运至开封，称为“花石纲”，以营造延福宫和艮岳。他精通文墨，迷恋声色犬马，却无心政事，于是，在金军南下攻宋时就将帝位传给了儿子赵桓，自称太上皇。未出十年，金军攻破东京，在城内搜刮数日，掳徽宗、钦宗二帝和后妃、皇子、宗室、贵卿等数千人后北归，东京城中公私积蓄为之一空，史称靖康之耻，北宋因而亡国。

慈禧晚年日渐奢靡，重修圆明园、清漪园，筹办万佝寿诞，甚至庚子事变后中国面临《辛丑条约》的巨额赔款时，其奢靡之风仍未见明显收敛，无形中使晚清已捉襟见肘的财政问题更加恶化，令清帝国名存实亡。

生态消费，低碳生活

我们从未停止过追求幸福的脚步，可是，幸福就像夸父眼中的太阳一样，越是忙不迭地跑向它，它越是远远地把我们甩在身后。其实幸福可以很简单。可当我们模糊地感知到“幸福是什么”之后，却发现自己错了的脚步再也收不住了，那颗躁动的心再也无法回归到纯净的状态。我们恼火，为什么会这样？许是我们又一次麻痹在以物质消费换取的小小满足中了吧？许是我们在一个热衷于过度消费的文化环境里生活得太久了吧？许是我们长时间地在消费主义幸福观的引导下奔跑，形成惯性了吧？

马尔库塞在《单向度的人》中写道：“需要并不是直接从具有需要的人那里产生出来的，它倒是那些企图从中获得利润的人所制造出来的。”换句话来讲，你今天买的所有东西中，不全都是你眼下需要消费的，也许有那么一两件或者三四件是被消费的。而诱导你“被消费”的，可能是早晨起床时电视里播的一条广告，可能是商家的有奖促销，可能是团购的低价诱惑，也可能是源于你身边的某个朋友不经意间的炫耀。不能否认很多时候我们买东西不是为了使用它，至少不是为了当下使用它，而是为了满足被刺激起来的消费欲望，特别是带有炫耀色彩的消费欲望。于是，消费从原本的生活手段一跃成为人的生活目的，而消费商品的价格与品牌也一跃成为衡量人是否成功的标准。人们一旦沉醉于这种消费快感，就会想尽各种办法去满足自己的物质欲望：然而人的物欲需求是无穷无尽的，欲求不满时，人就会失落、悲伤，甚至狂躁，如此的不快乐又何来幸福之感呢？

其实，墨子在两千多年前就曾告诫我们，“凡足以奉给民用，则止”。人的欲望应当以维持生活所必需的最低限度为标准，如超过这个必要的限度，就是奢侈。也许有人质疑，墨子的这个奢侈的起点似乎有点低，因为当今社会对奢侈品的界定还是非常清晰的，总不会仅仅高于生活必需的最低限度就是奢侈了吧？我想，墨子的奢侈品不该是皮草、豪车、别墅这类的实体，它应该是个概念，表达的是超乎生存需要之上的物欲追求。“人生一世，草生一春，来如风雨，去似微尘。”显而易见，一味地追求物质上的满足，总有一天人们会感到力所不能及，会让人生出失败感，否定自己。而人的物欲狂热带来的副产品更加可怕。自从第一辆福特汽车走下生产线，人们就把大量的自然资源送进机器里快速地加工成各种人类所需的产品；自从认为吃龙虾、鲍鱼、鱼翅是身份的标志，成百上千的捕鱼船马达轰鸣地开进原本宁静的深海；为了生产更多的产品来满足不断诱发和膨胀的物质欲望，人们把自然视为取之不尽的资源库和可以任意排放的垃圾场。倘若真的有一天地球磁场发生改变，洪水淹没了大地（见影片《2012》），或是太阳的电磁波横扫过地球的表面，烤焦了所有的一切（影片*The Knowing*），我们不能怪罪那是天灾，那实则是人祸。所以，超越了生活基本需要的消费行为不仅带给自己困扰，而且对他人的生存权也是一种危害。改善人与自然的关系已经刻不容缓，我们要找到一条适当的路，能够正确处理和改善人与自然紧张关系的路。

每当人类社会面临危机的时候，我们总是会回过头去，看看先哲们是怎么说的。墨子很早就提出了适度消费的概念。在适度消费标准的确立上，墨子提出穿衣“适身体，和肌肤”足矣；饮食“增气充虚，强体适腹”足矣；住房高度上能“辟润湿”，四围能够“御风寒”，房顶能抗得住雪霜雨露，宫墙的高度能“别男女之礼”，如此足矣。他主张“强本节用”；主张要合理利用自然资源，而不能过分掠夺自然资源；主张节约开支，反对浪费。比如，穿衣服就是为了冬天御寒，夏天避暑。所以，做衣服的原则是冬天能够增添温暖，夏天可以更加清凉；至于其他的，像什么蕾丝啊，缀饰啊，一概去掉。在墨家看来，人们在生产及使用各种物品的时候如果能够从其最基本的实用目的考虑，而对虚设的、毫无使用价值的部分统统略去，那么整个国家就可以实现“节用”的目的。这个想法和我们今天所提出的“生态消费”的概念有很多思想上的相合之处。生态消费也是以功能为出发点的。拥有生态消费观的人看重服饰的实用性；饮食上尽量减少工艺环节；摒弃不利于健康的消费品，如烟、烈性酒；提倡节俭，反对铺张浪费。自从消费幸福观植入到我们的精神世界，我们在为太多的不需要埋单，明明牵手结婚是两个人的事情，却让这份生死相许变成人生中最辛苦的一场表演；明明一顿家常便饭就可以重温友情的快乐，却偏偏要在穿山甲、孔雀、中华鲟的佐餐下推杯换盏；明明只是用来代步，却偏偏一掷百万地把媒体热炒的大车小车开回家。“物无美恶，过则为灾”。也许在那一刻我们是幸福的，但是，短暂的幸福感后我们要为此付出更多。

可能又有人会质疑，要是人人都信奉墨子的消费观念，凡事都停留在基本生活的维持上，那社会发展岂不停滞了？墨子说，“加费不加于民利者，圣王弗为”(《墨子·节用中》)，“凡费财劳力不加利者不为也”(《墨子·辞过》)。生产任何一种东西，都是要费资本、费劳力的。那么，值不值得去生产，就看所费去的资本、劳力能够增加多少利益；所增加的减去所耗费的，能否有盈余。如果不能增加利益，那就不值得去做了。现在，我们把墨子所说的利益回归到他的本意：墨子一向视利为天下之利、百姓之利，而不是一两个人的私利，不是用金钱能够计算的。所以，如果我们把自然与可持续性的发展这些关乎国计民生、千秋万代之利的因素也计入到这场资本与利益的博弈中，我想墨子所说的这笔账就比较有远见卓识了。

墨子的适度消费观既符合物质生产的发展水平，又符合生态生产的发展水平，是健康的、绿色的消费观。记得上大学时，社交礼仪课的老师说：男人生气的时候通常会倒头睡觉，女人生气的时候会暴饮暴食，会上街购物。现在看来，男人的解压方式真好，因为健康、绿色、环保。

形式主义害死人

这事得从孔子说起。

大概在孔子三十多岁的时候，鲁君逃亡，有国难奔，孔子只好带着众弟子到齐国去，希望能被任用，有所作为。温柔敦厚的齐景公像老朋友一样地接见了孔子，他说："我与夫子五年前有过一面之缘，当时夫子的一席话让我如沐春风，获益匪浅。今日，还要向夫子问政。"于是，二人一问一答谈论起了治国之道。孔子将他的君臣父子学说和节财的观点讲给齐景公，景公大悦，想给孔子封地加爵，没想到齐相晏婴出来阻止，劝齐景公说："孔子为人迂腐，他主张一切效法古人，按古礼行事。古人早已亡故，身腐骨朽，古礼、古法何以能不变？更何况，孔子口口声声提倡复古，可他自己却不学古人构木为巢、茹毛饮血，倒是对饮食起居非常讲究……最要命的是，他虽提倡节俭，却极重丧礼，治丧铺张浪费，埋个人能让丧者家属倾家荡产，此等习俗岂能提倡……"齐景公听后心生迟疑地说："那就先不谈封地加爵的事了，容我再想想。"结果，原先要给孔子封地的事就再也没提起过。

正如晏婴所说，孔子确实倡导厚葬，而且厚葬的工程应是相当宏大，程序应是相当繁琐，耗资应是相当惊人的。《礼记》等典籍中有明确记载，按照儒家丧葬礼节，人死三日大殓，才能置入棺中，“以俟其生”；下葬时要守饭含礼、棺椁制度、列鼎制度、隧制、“复礼”招魂仪式等丧礼制度；家人要穿粗衣、吃粗食、停沐浴、不修面容、不稼穑、不婚娶，服丧三年。孔子认为：“生，事之以礼；死，葬之以礼，祭之以礼。”所以，必须为丧礼制定繁杂的仪式，以示对逝者的爱与追思。于是，为了规范丧礼，孔子带着弟子游走各国参与殡葬礼仪性的活动。《礼记·檀弓》中讲到了孔子给人看风水选墓地一事：“子张曰：司徒敬子之丧，夫子相，男子西乡，妇人东乡。”《论语·子罕》中孔子说：“出则事公卿，入则事父兄，丧事不敢不勉，不为酒困，何有于我哉？”表明他在给别人做丧事时一丝不苟，从不贪杯。而他的学生也秉承了先师的古训，在孔子死后，弟子们少则守墓三年，多则六年。

可是，孔子万万没想到在他的再传弟子中，有那么一个“叛逆者”，学了他的学问，之后会跳出来攻击他，还专门写了篇叫《节葬》的檄文要推翻他厚葬久丧的礼制。

墨子说，你们儒生不是不信鬼神吗？学这么多祭礼、丧礼有什么用？你们不是说，“不以怪力乱神”吗？不信鬼神，却要学祭礼，这不是没有客人来访却对着桌椅板凳行客礼，池里明明没有鱼却甩钩下网吗？

儒生说，行厚葬、守久丧是因为孝啊！

墨子说，丧葬之礼只是一种形式，“哭泣不秩，声翁，缞绖垂涕，处倚庐，寝苫枕块；又相率强不食而为饥，薄衣而为寒”（《墨子·节葬下》），不过都是证明自己孝的表象，真正的哀痛是藏在心里的，“丧虽有礼，而以哀为本焉”（《墨子·修身》）。然而，“久丧伪哀以谩亲”（《墨子·非儒下》），服丧服得太久了难免会让人刻意地佯装出哀的心绪，这种“伪哀”不但不合理，而且是欺骗仙逝双亲的大不孝。孝来自于内心，与其采用形式上劳财伤命的久丧，不如用诚意去守丧，用心去守丧，也就是“心丧”。

春秋战国时，有很多君王都以儒家厚葬久丧的原则去治理国家。国君死了，服丧三年；父母死了，服丧三年；妻子与嫡长子死了，又都服丧三年。然后伯父、叔父、兄弟、自己的众庶子死了服丧一年；近支亲属死了服丧五个月；姑父母、舅父母、姐姐、外甥死了，服丧一定的月数。守丧的时间长短如此量化，那么，儒家肯定也规定了服丧期间人们应该表现出来的悲伤程度和行事要求。结果，按照儒生们的丧礼，一场丧事下来，守丧的人面目干瘦，颜色黝黑，耳朵不聪敏，眼睛不明亮，手足不强健，必须搀扶才能站起，拄着拐杖才能行走，根本不可能做事。倘若每每遇到家人死亡就用三年的时间来表达“哀思”和“至孝”，那天下人就根本无法生产生活了。人们饥饿缩食，冬天忍不住寒冷，夏天忍不住酷暑，体弱多病，饿死、冻死、病死的人数就会大大增加。再加上，久丧时男女不可交媾，也不可婚嫁，如此一来，国家的人口就会衰减，在那个拼人口、拼国力的时代，人口少、底子薄的国家就容易有内忧外患了。

其实，古代圣王制定埋葬的原则很简单：棺木三寸厚，足以让尸体在里面腐烂就行；衣衾三件，足以掩盖尸形就行。及至下葬，下面不掘到泉水深处，上面不使腐臭散发，坟地宽广三尺，就够了。圣王们嘱咐说，死者既已埋葬，生人不当久哭，而应赶快就业，人人各尽所能，用以交相得利，过好活人的生活。

从前，尧去北方教化八狄，在半路上死了，葬在蛩山之北。葬衣衾三件，用普通的楮木做成棺材，拿葛藤束棺，随从们在棺材都入土后才哭丧，哭丧完毕把墓穴填平，没有起坟，牛马还能在尧帝所葬之处吃草。

舜到西方教化七戎，也在半路上死了，葬在南已的市场旁，同样衣衾三件，以普通的楮木做成棺材，用葛藤束棺。葬毕，市人可以照常在埋有舜帝的土地上面来回地走。

大禹去东方教化九夷，半路葬在会稽山上，用桐木做三寸之棺，用葛藤束住，虽然封了口但并不密合。凿了墓道，但并不深，掘地的深度下不及泉，只要保证不让尸体的臭气散发出来就不再挖了。葬毕，坟地宽广大约三尺。如果照这三位圣王来看，则厚葬久丧果真不是圣王之道。尧、舜、禹贵为天子，富有天下，难道还怕财用不够吗？是因为厚葬久丧不利于民生啊。

墨子的“节葬”一提出，诸子起而攻之。亚圣孟子说：“养生者不足以当大事，唯送死可以当大事。”荀子指责墨子“蔽于用而不知文”，“不知壹天下、建国家之权称，上功用，大俭约而僈差等，曾不足以容辨异、县君臣；然而其持之有故，其言之成理，足以欺惑愚众。是墨翟、宋钘也”。说墨子不懂得统一天下、建立国家的法度，崇尚功利实用，重视节俭而轻慢等级差别，甚至不容许人与人之间有分别和差异的存在，也不让君臣间有上下的悬殊。荀子说，像墨子这样的人，只会夸夸其谈、自圆其说，是个欺骗蒙蔽愚昧的民众的不良分子。庄子也不能接受墨子的节葬论，他说：“墨子独生不歌，死不服，桐棺三寸而无椁，以为法式。以此教人，恐不爱人；以此自行，固不爱己。……其生也勤，其死也薄，其道大觳。使人忧，使人悲，其行难为也。恐其不可以为圣人之道，反天下之心，天下不堪。墨子虽独能任，奈天下何！”庄子是这样说的，有趣的是，他自己的老婆死了，他却没行儒家的丧礼，而是“鼓盆箕踞而歌”。惠子指责他，他就跟惠子大谈“生死转换”“生死同一”的理论。人死不过是休息，没什么好悲伤的，“吾以天地为棺椁，以日月为连璧，星辰为珠玑，万物为赍送”。世上哪有比这更奢华、更宏大的葬礼呢？至于尸体会被禽兽吃掉，那埋在地下也会被蚂蚁吃掉的，给谁吃不都是一样？

如何节用度荒年

国有七患：其一，内外城池壕沟不足却修造宫室；其二，敌军压境，四面邻国都不愿救援；其三，让百姓忙于无用之事，且赏赐蠢材，掏空国库去款待宾客；其四，做官的人明哲保身，只求俸禄，游学未仕的人只顾结交党类，国君尽是颁布些如何诛戮臣下的法令以至于臣下畏惧而不敢违拂君命；其五，国君自以为神圣聪明而不问国事，自以为安稳太平而不做军事防备，四围的邻国以刀戈相向仍全然不知；其六，国君信任的人不忠诚，而忠心的人又不被信任；其七，国库亏空，少钱少粮，臣子对于国事不胜使令，赏不能鼓舞人，罚不能震慑人。国家若存在这七种祸患，必定灭亡；守城若存在这七种祸患，国都必倾。七种祸患存在于哪个国家，哪个国家必有祸殃；七种祸患出现在哪个年头，哪个年头必是荒年。

遭遇荒年怎么办？夏禹之时，曾遭遇七年水灾；商汤之时，曾遭遇五年旱灾，那是活生生的天灾啊，已经是非常严重的饥荒了，但百姓并没有挨饿受冻的。雪莱曾说："历史，是刻在时间记忆上的一首回旋诗。"我们要学会利用古人的智慧应对今天的现实生活。

首先，要抓生产。五谷是民生所仰赖的东西，一谷不收叫作馑，二谷不收叫作旱，三谷不收叫作凶，四谷不收叫作匮，五谷不收叫作饥。所以，躲避饥馑的第一个对策就是“其力时急而自养俭也”（《墨子·七患》），要努力按农时耕种，获取最多的生产资料，充实国库和百姓的粮囤。人民有饭吃，国君就有供养。国君要想有五味美好的供养，就必须鼓励人人劳作，“赖其力者生，不赖其力者不生”（《墨子·非乐》）。百工之人“各从事其所能”（《墨子·节用》）；王公大人“蚤朝晏退，听狱治政”（《墨子·非乐》）；农夫“早出暮入，耕稼树艺，多聚菽粟”（《墨子·非乐》）。

其次，要善节用。此处的节用是针对富贵者而言，百姓本已生活困苦，根本也没有铺张的可能。那些达官贵人们，别要求太多。凡是天下百工，如造轮车的，制皮革的，烧陶器的，铸金属的，当木匠的，只要使每个人能从事自己所擅长的技艺就好，百工生产出的产品只要足以供给民用就行。

饮食上，能充饥解饿、强筋壮骨，使人耳聪目明就足够了，不可再追求五味的芳香和食物的奇异。王公大人以美食为痴，花天酒地，肆意挥霍，而许多平民百姓却无米下锅，无食果腹，以至于被逼为盗，这是多么大的社会矛盾啊！

服饰上，遮身蔽体，抵御寒风，实用即可，不可追求奢华亮丽。奢华亮丽已经不是衣服的实用功能了，那属于审美范畴的内容，在墨子看来，乱世中讲审美本身就是一种极尽奢侈的行为。

宫室上，要能冬御寒风，夏防潮气，屋里清洁，可供祭祀，壁墙的高度足以使男女分开居住。不必雕梁画栋、曲折有致，而且建造宏大宫室极易导致国匮民乏，激起民愤。

车船上，只求能负重载物，轻便致远，乘坐安全，拉动便利，速度快就可以了。雕画没有任何实用意义，都是浪费财物的行为。

个人问题上，上古圣贤，虽贵为至圣，却未见私蓄女色之事发生，因而，上古宫内无怨女，天下无鳏夫。时下君王三宫六院、妻妾成群，首先面对的问题就是深宫里的女色用度不菲，她们又不能参加劳作，会造成入不敷出的窘境；其二，君王身边多娇娥，天下男人就得孤独终老，那么，男女交配失时，人口就会减少，阻碍人口的繁衍必然阻碍财富的增殖，切不可为之。

丧葬上，短丧代替久丧，衣服三领，足以使死者肉体腐烂在里面；棺木三寸，足以使死者骸骨腐烂在里面；挖掘墓穴要深但不要深到通泉水，尸体的气味只要不散发到外面就可以了，不必大肆铺张讲究。因为人活着时都要节用，死后就更用不着无端浪费了。

再次，要多储备。粮仓无足够的粮食，不能应对荒年；武库无足够的兵器，即使己方是正义之师，也无能力讨逆；内外城池若不完备，不可以自行防守；心中没有戒备之心，就不能应付突然的变故。比如桀、纣，二人虽“贵为天子，富有天下”，最终却落得“灭亡于百里之君”的下场。这是因为他们“有富贵而不为备”，拿最高的奖赏赐给无功之人；耗尽国库中的贮藏，用以置备车马、衣裘和稀奇古怪之物；使役卒和奴隶受尽苦难，去建造宫室和观赏游乐之所；死后又做厚重的棺椁，制很多衣服。活着时修造台榭，死后又修造坟墓。因此，老百姓在外受苦，内里的国库耗尽，上面的君主不满足其享受，下面的民众不堪忍受其苦难。所以，国家一遇敌寇就受损伤，人民一遭凶饥就死亡，这都是平时不做好防备的罪过。再说，粮食也是圣人所珍视的。《周书》上说：“国若不预备三年的粮食，就不能成为这一君主之国；家庭若不预备三年的粮食，子女就不能做这一家的子女。”这就是国家的根本储备。

最后，要减俸禄。“岁馑，则仕者大夫以下皆损禄五分之一；旱，则损五分之二；凶，则损五分之三；馈，则损五分之四；饥，则尽无禄，禀食而已矣。”所以一个国家遇到凶饥，国君不可再列鼎而食，大夫不可再沉迷于丝竹之音，读书人弃笔从农，王族的婢妾都换上粗布衣裳，总之，国家一切大事小情全部从简。

以上该是中国历史上最早的灾害应对机制了吧。

七

国患之时远离魅惑

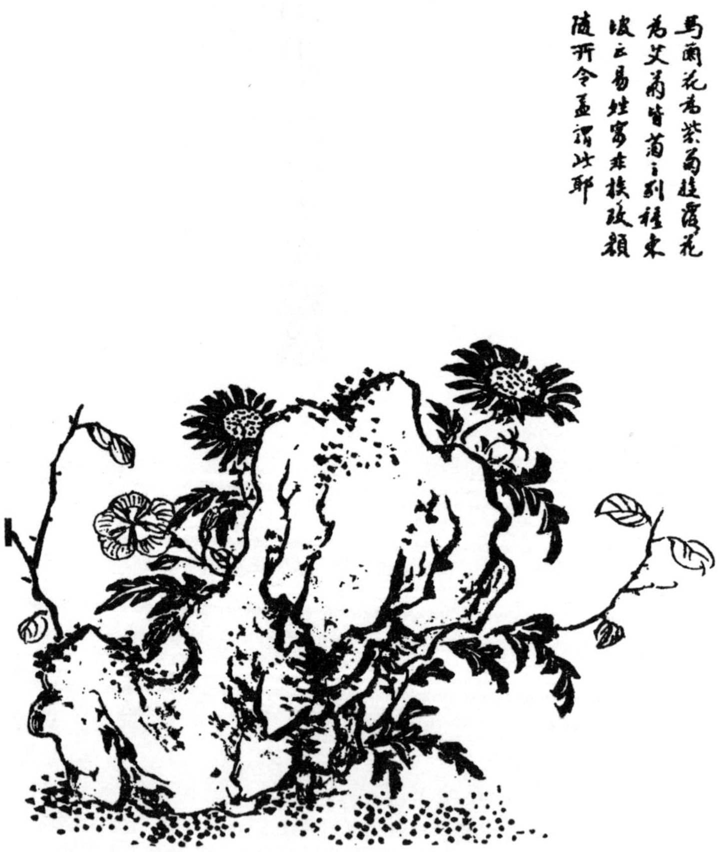
馬蘭花為紫菊旋覆花
為艾菊皆菊之別種東
坡云易姓寄非族改顏
隨所令蓋謂此耶

希腊神话里的海妖塞壬专门以美妙的歌喉迷惑航海的人。她们坐在绿色的小岛上，看见船只驶过，就唱起动听的魔歌。被歌声吸引而想登陆的人总是会遭遇死亡。因此，这里的海岸上尸骨成堆，显得恐怖而阴森。奥德修斯记起了喀耳刻的预言：“当你们经过塞壬女仙居住的海岛时，女仙们会用歌声引诱你们，你必须用蜡把朋友们的耳朵塞起来，不让他们听到歌声。如果你自己想听听她们的歌声，你就叫朋友们先把你的手脚捆住，绑在桅杆上。你越是请求他们放下，他们就得把你捆得越紧。”

艺术的魅与祸

我想墨子不会不喜欢艺术的。美具有不可阻挡的能量，渗透力极强，总有一种艺术形式能够触碰到他心底的柔软。只是在那个乱世，他怀着一颗救世爱民的心，看到的却都是王公将相们在各种艺术形式中沉湎，荒废了朝政，他要剪除这些让人沉而未醉、欲罢不能的东西，于是他把大棒伸向了艺术，提出了“非乐”的主张。我表示理解，但把所有国败民亡的罪责都怪在乐舞的身上，难免有本末倒置、因噎废食之嫌。

《墨子·非乐》里记载了这样一个故事。齐康公好《万舞》，他要求所有舞者不许穿粗布短衣，不能吃糟糠之食。美其名曰：为了艺术。因为在他看来，吃得不好，脸色就不受看，而穿得不美，身形、动作就会受影响。所以，舞者们很幸福，每天好吃好喝，餐餐有肉，衣服也体体面面，还绣着花纹。墨子得知后很生气，这些人天天跳舞，哪有时间劳作，不能从事生产活动还得让别人养着他们！于是，墨子说：“是故今王公大人惟毋为乐，亏夺民衣食之财，以拊乐如此多也……为乐，非也！”看来，墨子非乐的矛头，是对着那些恣意淫乐的统治者的。他这样说，也给了崇尚礼乐的儒生们一个大大的耳光。乐是儒生“六艺”之一，仅次于礼，是儒生们进入人格最高境界的阶梯。而墨子则指责儒家繁饰音乐以淫人，盛容修饰以蛊世，弦歌鼓舞以聚徒，并且总结了儒学足以丧天下的四个方面，其中之一就是“弦歌鼓舞，习为声乐”。

我定位的墨子一直是个侠士，别说他没有令狐冲俊朗，也别说他没有郭靖憨憨的讨人喜欢，墨子是不能用这些小角色来比照的。这位侠士正气逼人，而且是个狠角色，不对他人只对自己。墨子是懂音乐的，他会吹笙，据《吕氏春秋·贵因》篇载：“墨子见荆王，锦衣吹笙，因也。”因为荆王的缘故，一向以俭为尚的墨子穿上了华服为荆王吹笙。我想，墨子的笙吹得一定不错，至少是诸侯国级的。一个曾经的文艺青年，却要放下手中的乐器提出讨伐乐舞，确是要有几分狠心的。

然而，身处两千多年前的中国，心怀天下的墨子又能做怎样的选择？

众所周知，夏、商、周三代暴君无一顾及百姓死活，一味骄奢淫逸，他们均以巨为美，以众为观。夏启以来，王公大人日夜“恒舞于宫”，“舞洋洋，黄言孔章”。夏桀竟然聚起三千多人为乐，鼓噪一时，不以为耻，反以为荣。淫逸康乐的夏朝，终于覆灭。商汤为巩固其统治，制定了“官刑”，但奴隶主王公大人淫乐奢靡的本性不是“官刑”所能警戒得住的。商朝的最后一个帝王纣更是沉湎于淫乐，放纵无度，竟以酒为池，悬肉为林，使男女裸体，相逐其间，于靡靡之音中，作长夜之饮，“纣为……妇女优倡，钟鼓管弦，流漫不禁，而天下愈竭”（《说苑·反质》）。前事不忘，后事之师。然而，到了春秋战国，王公大人穷奢极欲之事有增无减。

春秋时，鲁国发生了一场著名的“陪臣执国命”事件，国相季桓子差点被自己的家臣要了命。经历了这场生死浩劫，季桓子痛定思痛，起用五十一岁的孔子，摄行相事，与闻国政。结果只三个月，鲁国市场上就秩序井然了，牛马贩子不再哄抬物价，卖猪肉、羊肉的也不掺水分了。路上，男人、女人各走一边。一时间鲁国的奸民都消失了，城中夜不闭户、路不拾遗，设立的刑法派不上用场了。

后来，齐鲁两国夹谷会盟，因为有孔子在，齐景公出了洋相，怀恨在心，再加上齐国很怕如果孔子在鲁国执政下去，鲁国会雄起而称霸，就决定找个法子把孔子从鲁国弄走。齐人很清楚季桓子是个什么样的人，俗话说“饱暖思淫欲”，那是凡夫俗子；对一国之相来说，“安定思淫欲”的就是季桓子了。于是齐景公派人从齐国挑选了八十个美貌窈窕的女郎，穿着华服，跳着艳舞，再加上身上长有花纹的靓马一百二十四，一起送给鲁君。齐人们先把女乐和靓马、彩车陈列在鲁城南面的城门外，窥探季桓子的反应。季桓子身着便服前往观看，一遍又一遍地来看，越看越喜欢。于是，他就跟鲁君告假，说要“出国”考察，结果是整天坐到南城门外，观摩这些靓女和靓马，子路见状便对孔子说：“夫子，是我们该走的时候了。”孔子还心存希望：“先看看吧，马上就要冬祭了，倘若国相能不忘分赏腊肉的常礼，那我就留下来不走了。”八十个美女组成的女子乐团，把季桓子迷得七荤八素，一连三天不过问政务，早把要分腊肉这事忘得一干二净。孔子于是离开了鲁国。

墨子的行事作风与孔子不同。当墨子看到王侯们衣锦食甘，耽于逸乐，贪求无度，一心追求声色犬马之乐后，痛心疾首，直抒胸臆，说出了自己的担忧：君王喜于乐，必然会神思麻痹，放弃对敌国的警惕，引起内乱外患；士大夫迷于乐，则不可能内治官府，外治山林泽梁，充实府库；农夫沉于乐，就不愿早出晚归耕田种粮，就会土地荒芜；妇人沉迷于乐事，就不能纺线织布，筹备衣食。如此，势必造成君王不理朝政，士大夫不干实事，平民不谋衣食的衰落局面，因而天下财物就不足，危乱就会产生，社会就会动荡，最终势必是“上不厌其乐，下不堪其苦”（《墨子·七患》）。

但是墨子并非绝对地憎恶艺术，他曾经对弟子禽滑釐说：“故食必常饱，然后求美；衣必常暖，然后求丽；居必常安，然后求乐。”（《说苑·反质》）他给出了君王将相爱乐的条件，首先你得先让你的子民吃得饱、穿得暖、住得安。正如恩格斯所说，人们首先必须衣食住行，然后才能从事政治、科学、艺术、宗教等。

再说一个墨子的轶事，关于音乐的。《史记·鲁仲连邹阳列传》载：“邑号朝歌，而墨子回车。”墨子经过了一个名叫朝歌的城池，竟然调转马头，避而不入，就因这座城的名字里有“歌”字。多么偏执、可爱的墨子啊。

先温饱再唱歌

当人有一些饿了的时候，是先吃饭还是先唱歌？

这一年孔子六十三岁。吴国大举攻陈，楚国帮助陈进行反攻。楚国的军队由楚昭王亲自率领着，驻扎在陈国东北部，阻截了吴国的进攻。陈国陷于混乱状态，孔子师徒无法再在陈国待下去了，欲往楚国去。从陈国到楚国，中间要经过一些吴、楚两国争夺的小国，蔡国便是其中之一。

孔子师徒出了宛丘，行了两日，因地理生疏，竟来到一个层峦叠嶂的去处。长途跋涉，人困马乏，大家随便嚼了些干粮之后，倒头便睡，一个个鼾声若雷，一觉睡到天大亮。待他们醒来，已是朝霞满天，然而，意想不到的事情发生了—— 他们被一群陌生人包围了。

原来，陈国贵族中的亲吴派怕孔子适楚辅佐楚昭王，有朝一日楚国强大对吴国不利，于是派兵围困孔子，迫使孔子改变主意，放弃赴楚的念头。孔子既认定楚昭王是位贤明君主，昭王又派人来邀，岂肯回车返辙！然而，如今困在这深谷之中，最要紧的就是粮食，熬过了四天，带的干粮全部吃光了。弟子们饿的饿，病的病，垂头丧气，情绪低落。然而孔子却照样谈笑自若，弹琴，唱歌，坚持给弟子们讲学。

你我不是圣人，所以无法真正体味孔子在极度饥饿的情况下如何能够仍旧忘情于音乐，弦歌不绝。突然一个念头袭入脑中，如果是墨子被困在陈蔡，他会怎么做呢？很简单，大围大守，小围小守，他可是侠哟！有一点可以肯定的是，墨子绝不会在重重包围中抚琴自喻幽兰的。只要他放在心中的百姓还处于“饥不得食，寒不得衣，劳不得息”的境况，他就不会主动触碰任何乐器，他宁愿执剑奔走，也不愿沉湎于丝竹，坐以待毙。

墨子“非乐”是人尽皆知的。这源于他目中所见之种种与音乐相关的败象让他无法对音乐心存好感。王公大人因沉迷音乐而忘记了上朝，耽搁了听狱治国；士人君子因迷恋音乐而无法尽全力治理官府，征收赋税；农夫因喜欢音乐而贻误了耕田、植树、种菜的时节；妇女因喜爱音乐而工作分心，纺织品产量下降。所以墨子说：“从事音乐是错误的！”至少在他的时代。

可是，音乐、舞蹈等的魅惑太大了，人们没有办法抗拒艺术的力量，它确实能让人的心跃动起来，让人的情感飞升起来，让人的情绪快乐起来。孔子在齐国听过韶乐后，每天习之演之，手舞足蹈，三月不知肉味。那该是一种浸入音乐中的迷狂状态吧。人们无法拒绝音乐的诱惑就像无法拒绝塞壬的歌声一样，所以，将音乐从生活中清零是不可能实现的事情。

于是，墨子说：“故食必常饱，然后求美；衣必常暖，然后求丽；居必常安，然后求乐。为可长，行可久，先质而后文，此圣人之务。”（《说苑·反质》）先质而后文的意思是：先吃得饱，而且不是一顿饭两顿饭，是“常饱”，穿衣能“常暖”，居住环境能够“常安”，然后再去考虑诸如大钟、鸣鼓、笙瑟、雕镂、画舟等形形色色的奢华追求。

墨子的“质”“文”与孔子的“质”“文”完全不同，孔子说过一句极有名的话，普及率极高，就是“质胜文则野，文胜质则史，文质彬彬，然后君子”。孔子“质文观”中的“质”指的是质朴的个性，“文”指的是文采。李泽厚先生进一步解释说，质就是真性情，文就是理性。强调的是真性情与礼节仪文要和谐适当才能称得上君子。总之，孔子的“质文观”是属于道德范畴的。而墨子的“质文观”与之大相径庭。我们可以简单地把质理解为基本的物质生活条件，文理解为精神上的审美需求。它强调首先应当最大限度地改善人民群众的物质生活，然后再去追求甘食美味、声色之娱。那么墨子的“质文观”就该是社会学范畴的了。所以，孔、墨的“质文观”是两个不同的问题，切不可混为一谈。

墨子时代的艺术是奢侈品，当下的艺术也是奢侈品，所不同的是，墨子的艺术奢侈品还有精神领域的成分，老百姓都吃不饱、穿不暖、住不安，在上者不好好解决民生大事，还好意思弹琴、看戏、跳舞？而当下的艺术奢侈品则是纯物质的了，艺术作品虽然还穿着高雅的外衣，但是要想窥视外衣里的样子，必须要为此而埋单。两千年后，当文化艺术变成一种产业后也是可以增加国民生产总值的，也成了“质”的重要组成部分。这是墨子无论如何也不会想得到的。

是谁创造了命

“命里有时终须有，命里无时莫强求。”语出《增广贤文》，被历朝历代的无为之士奉为信条。

信命的人同时也相信人如同牵线木偶般无力。但是，宿命论者之间还略有不同，有些毫无意志地被命运之手牵着，在他们看来那早已注定的不仅仅是结果，还有到达结果的过程。人的每一个眼神、所走的每一步、行动中的每一个细节都早早地写在命运之神的那本大书里，就像《红楼梦》里十二钗的判词，规定好了相遇、劫数和婚丧嫁娶，现实中的人只是把定稿了的故事演出来而已。有些则认为命运的书不是判词，而是如同孙悟空在阎王生死簿上看到的，何时成、何时败、何时死、何时生结局已注定，但是在走到结局前的这个过程中人是自由的，人有选择行为的方式和方向的权力。

世人应该都有些宿命论倾向吧。当我们要得到却得不到时，说一句“命该如此”，心里就能轻快不少。我们总是希望能够书写自己的人生，但鉴于机缘、能力、努力程度等种种因素，一个又一个的希望在现实面前前赴后继地倒下去，于是，“命中注定”成了最好的借口。佛家的因果三世说反倒更积极些，今世的果看似是注定的，但是注定它的不是什么神秘的力量，也不是什么绝对精神，而是在上一个轮回中的你，今世的一饮一啄，都是前世的因果，所以，人们会为了下一世的幸福努力地行善积德。

墨子那个时代信命的人也特别的多，这是很自然的事情，宿命本身就是人类的无可奈何之举。但是，墨子坚决地告诉人们，这个世界上根本没有“命数”的存在。敢于挑战时人的信仰，这就是墨子——一个先锋式的英雄。

在墨子看来，任何命题的提出都要符合一定的标准。比如说话或是写文章，如果没有了标准，就好像把测时仪器放在转动的陶轮上，测试的人再聪明，也不能得出正确的刻数。那么怎样辨识一个命题的真与假呢？墨子给出了三种法则——有本原的，有推究的，有实践的。本原即用天帝、鬼神的意志和圣王的事迹来考察，推究即用先王的书来验证，实践即根据人们所见所闻的实情来证明。

有人问墨子：“先生啊，‘有命’并不是我说的，自古时三代就有这种话流传了。您为什么要否认呢？难道您很痛恨它吗？”墨子认真地回答：“说‘有命’这话的人，不知是先代的善人呢，还是先代中残暴无能的人？”想那尧舜时期，有功之士和杰出的大夫都说话谨慎，对上能规劝进谏君主，对下能教导百姓，所以在上能得到君主的奖赏，在下能得到百姓的爱戴。这样他们的声名才不会废止，流传到今天。每每听到贤德君子的名字，我们都会说：“他们做的事真好。”必定不会说：“他们的命真好。”

然而，那些历史上的昏君暴君，内心邪僻、刁钻蹊跷，整日里声色犬马，沉迷酒色，浸在靡靡之音里不能自拔，却不顾国家和百姓的政事，净干些于国于民无用的事。暴君嘛，脾气还不好，动辄杀人，对百姓凶暴得很，把下面的人都逼得走投无路，要揭竿而起。所以，当贤人君子的讨伐大军兵临城下时，国力空虚，人民遭劫，自己也受到刑戮的惩罚。可是，他们谁肯说是因为自己疲懒无能，没做好刑法政事，才闹得国破家亡呢？即使在死前的那一刹那，他们也必然要说："吾命该绝，吾命休矣……"

除了这些暴虐的君王，善于用"有命"来说事的，就该是那些不思进取、一无是处的人了。他们厌恶恭敬勤俭而喜好傲慢轻狂，好吃懒做，不学无术。在家不听爹妈教导，也不好好服侍双亲；在外蛮横无理，嫁祸于人。终有一天，身陷囹圄或者无家可归，身边连个帮他的人都没有，此时，他必不会说："都是我人品太差犯下的错……"他一定会说："唉，我就是这个穷命！"

在墨子看来，粉饰"有命"之说的人，往往都是那些暴君或是懒人，这是他们用以自我脱罪的伎俩，"暴王作之，穷人术之"（《墨子·非命下》）。墨子挺拔、坚毅、步伐铿锵，永远都对自己的事业充满着激情，像是一个充满了能量的发光体。他能剥开质强调果，他不在乎因的"有命"，所以才不甘心堕入那些把"宿命"当借口的人群中间，才会在兵荒马乱的时代看起来是那么的特立独行。

破解生命密码

命，从口从令，本义是出令。《说文解字》释义：命，使也。因此，古书中的“天命”“受命”都是命令的意思。墨子“非命”，非的不是“天命”，尽管“天命”和“天志”不同，也不是“受命”，他尚天而守道，事鬼而敬神，所以，他非的命是针对“命定”的“命”。一是岁数；二是劫数；三是某种无法把握的、神秘莫测的命运，似乎是被某种神秘力量预先安排好的一种生存方式。墨子也正是在这个意义上讨论命的。

古时候治理国家的王公大人，都想使国家富裕，人口增多，法律政事有条理；然而求富不得反而贫困，求民不得反而减少，求治理不得反而混乱，是什么原因呢？墨子认为，是那些曲解宿命的人混到了民众当中妖言惑众的结果。

最可恨的是，这帮怀有私欲而去主张命定论的人简直是在颠覆天下的道义，把古时贤王们的文治武功也说成是命定的。汤封于亳地，断长接短，有百里之地。汤与百姓相互爱戴，相互为利，相互分享。他率领百姓向上尊奉天帝鬼神，天帝鬼神就使他富裕。诸侯亲附他，百姓亲近他，贤士归附他，最终成为天下的君王。文王也是如此，为民着想，民附而归之，甚至那些行动不便的老、弱、病、残常常聚在一起翘首盼望："怎么才能让文王的领地延伸到我们这里呢，让我们也能得到他的恩庇，那样的话，我们岂不是也和文王的国民一样幸福了吗？"而讲宿命的人只一句"命中注定"就把商汤与文王的勤勉和功绩全部抹杀了，这让他的后人情何以堪啊？真是颠倒黑白！

古时的暴君们最爱编造这样的话，惑乱百姓，愚弄朴实的人。圣王们对此非常忧虑，于是就把那些听到的谎话写在竹帛上，刻在金石上，雕在盘盂上，流传给后世子孙以警示他们。周武王身为太子时曾作《太誓》来揭露纣王"有命"的谎言："恶乎君子！天有显德，其行甚章。为鉴不远，在彼殷王。谓人有命，谓敬不可行，谓祭无益，谓暴无伤。上帝不常，九有以亡；上帝不顺，祝降其丧。惟我有周，受之大帝。"纣王把一切都说成是命定，比如他对人的不恭敬，比如他不祭祀，比如他凶残，结果，天帝真的就给他降下了灾难，要了他的国，也要了他的命。

墨子对命定论的看法，呈现出专属于他那个时代的颜色，也彰显着他一切为民的主题。思想是可以传染的，当一个思想撞入人的头脑中，脑袋里就会产生金属般的回声，一波波，振荡开来。

我们每一个人，都有一颗向往完美和自我完美的心。但是当经过了十几年或者是几十年的奋斗，当那心间的水流入了比它宽阔的河，或是湖，或是海，水花就在一片辽阔中迷失了自己，虹的色彩也变成了记忆，每每想起也许我们还会为当初的青涩而微笑。那些曾经发出铮铮誓言的上进青年大多数都把自己的梦转嫁到下一代身上或让梦自生自灭地消化掉，只有一小部分坚持着的人，或者在寻梦的路上摔得七零八落，或者超越了梦想，实现了自我。于是，随遇而安的大多数看着小部分中的失败者说："这就是命！"看着大多数和自己一样放弃梦想的人说："这就是命！"只有面对小部分中的成功者时，他无法把对方所作出的努力用那么一句不负责任的话概括，但是他会转念想到自己，想到曾经的坚持与放弃，淡淡地自语："这就是命！"

然而，大多数随遇而安的人们当年不也曾书生意气，挥斥方遒？不也曾为掷地有声的誓言打拼奋斗？是什么使他们开始对自己的梦想失去了信心？是什么让他们在面对两难选择时选中了无法成功的结局？是什么把他们的脚锁在了原地？是命吗？是惨烈的现实生活吗？还是什么别的？

科学家说，我们每个人在出生的那一刻都被赋予了一个专属的生命密码，这个密码不仅控制着人的健康、疾病状况，也控制着人的命理。生命密码决定了我们的气质、性格选择和情感模式，所以，我们会呈现出"天生如此"的行为方式。那么当我们将目光内收，自觉地反观自身的行为举止，就会慢慢地读懂自己，像是对生命密码的一种解读。我不知道，生命密码能不能等同于人们口中的"命""命数"，但是我知道只有掌握了生命密码才能趋利避害，倘若这就是"命"，那么为什么一定要"宿"而不试着去"用"呢？

八 墨子的天是人民的天

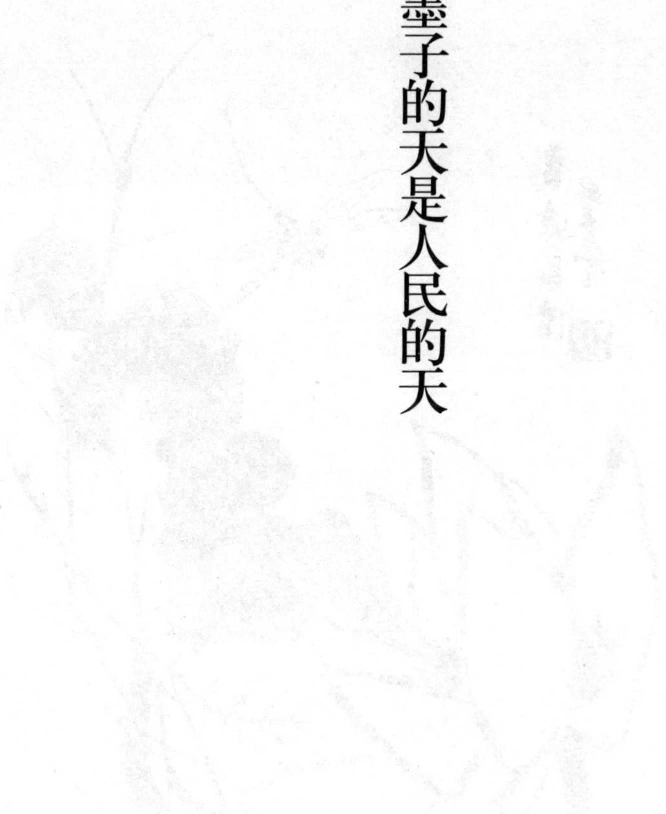

香远益清

人类的发展过程在婴孩时期蒙昧而快乐，山是山，水是水，江是江，河是河。简简单单地生存，照顾好一大家子人是最大的职责。不过，他们也有不快乐的时候。他们看不懂世界，却要时不时地遭遇洪水和猛兽这两个最大的敌人，他们把少之又少的认识叠加在一起，想啊想啊，天帝、神、鬼就出现了。

天是有意志的

“天”对古人来讲是一个变幻莫测的神秘存在，日夜交替，四季更换，风、雨、雷、电时时发生，这都是古人感到迷惑不解的现象。于是他们就想着是由神灵操纵着这一切。这个神是看不见、摸不着的，但它可以寄居在自然物上。

根据甲骨卜辞的记载，殷人最初的“帝”就是这样一个神秘的存在。殷人认为“帝”是各种自然现象的操纵者，但这个操纵者也会有自己的动机和情欲，虽比人要高级，却也会像人一样有自己的性格和主意。举个例子来说：古老的东南海之外，甘水之间，有个羲和国，国中有女名曰羲和。传说她是帝俊的妻子，与帝俊生了十个儿子，都是太阳，住在东方大海的扶桑树上，轮流在天上值日。尧的时候，调皮的十个太阳同时出现在天空，把土地烤焦了，庄稼都枯干了，人们热得喘不过气来，倒在地上昏迷不醒。因为天气酷热的缘故，一些怪禽猛兽，也都从干涸的江湖和熊熊燃烧着的森林里跑出来残害人民。结果就是大家熟悉的后羿射日，人间的灾难惊动了天上的神，天帝帝俊命令善于射箭的后羿，协助尧除去人民的苦难。倘若此时你闭上眼，你会发现整个故事可以在你的脑子中活生生地演出来，每个神都那么生动，他们的语言、他们的举手投足，与人别无二致。所以说，天上的神是具有人的特点的神。

时至周代，“天”在民众心目中的地位有所下降，《大雅·文王》中说：“上天之载，无声无臭。仪刑文王，万邦作孚。”上天的事情，听不到、闻不着，根本不知道它究竟想怎样。士子们只有以文王为典范，才能得到各个诸侯国君的信赖。可见，在广大人民群众中间已经开始有了对天的不满，天命难测，最靠谱的还是自己的修身培养，于是，人的目光从天上回到自己的身上。而《王风·黍离》中则愤愤地说：“知我者谓我心忧，不知我者谓我何求。悠悠苍天，此何人哉！”这是诗人心中的懊恼和不平，他是在责问天，向天讨公道：苍天啊，造成这个后果的到底是谁呢？

墨子在这个时候提出“天志”多少有些冒险，但那就是墨子啊，那个明知山有虎偏向虎山行的人。墨子的天“行广而无私”，“施厚而不德”，“明久而不衰”。这些美德使天成为宇宙间最高贵、最智慧的存在。墨子要让人们相信天贤德巍巍、无所不能，要让人们重新树立起对天的敬畏与信心。

墨子说，自然界的一切事物都是上天创造的。上天创造了日月星辰、山川溪谷和春秋四季，并且为它们设定好了运行的秩序。万事万物之所以能够在各自的轨道上有条不紊地变化，也都出于天意的安排。而天所做的一切只有一个目的，就是为了让他眷顾的民众幸福美好地活着。

天不仅安排了自然界的顺序，也对人类社会的秩序做了布置。哪个国建立，哪个国衰败，谁做君王，谁做臣子，都是上天的运作。标准也很简单，“顺天者昌，逆天者亡”。所以，世上一切都在天的掌心之中运行。天派到人间的长官叫“天子”，长官的领地叫“天邑”，“天邑”中住着千千万万的“天臣”。

墨子的天也有他的性格和品德，有他的选择和好恶。天创造世界的过程不是随意的，他按照自己的意志布置着一切。所以，国要昌盛，人要长久，就得先摸透天的脾气，知道天喜欢什么厌恶什么。天喜欢什么呢？墨子说，天最大的意志就是兼爱。“天必欲人之相爱相利也，而不欲人之相恶相贼也。”国不论大小强弱都是天之邑，人不分尊卑贵贱都是天之臣，所以，上天面前国国平等，人人平等。国与国、人与人兼爱互利，天就会高兴，天若高兴就会赐予国家和人民更多的福利，人人富足后，就会相爱相生，互惠互利，多么美好的良性循环啊。

既然知道上天的意志了，就应该秉承天的意志行事，把天志作为治国劳作、为人处世的规矩。就好像做车轮子的工匠要用圆规来度量圆，木匠要用方尺来度量方一样，能够符合圆规和方尺的形状就是对的，要是不符合，就一定是错的。天是最高贵、最智慧的存在，人理所当然要效法天。在人们心中，天的意志就该像制轮者眼中的圆规、木匠眼中的方尺一样，是他创造了世界的规矩、法仪。所以，每个人做事情都要以法仪为标准，若没有法仪那么就有可能一事无成。

墨子透露了太多的天机，但是他并不为此而害怕，因为他和天的心绪是一样的啊。所以，他继续他的布道：人要对天怀有敬畏之心。天的神通和权威是无边无垠的。即便是人迹罕至的幽林深谷也逃不脱上天的视野的关照。天没有打盹儿的时候，他从不困倦，时时刻刻都在细致用心地观察着他创造的作品，对他们所做的大小事情都了如指掌。当然，他不仅仅是看，还要赏罚分明，做善事的肯定会得到褒奖，作恶的也必定会受到惩罚。若是赏，天会安排寒热合节，四时调顺，阴阳雨露合乎时令，五谷熟，六畜繁殖，而疾病、灾祸、瘟疫、凶饥不至；若是罚，他就会用洪水、干旱、冰雹、沙尘暴、台风、地震、海啸等各种自然灾害加以责备、警告。倘若受罚之人仍不引以为戒，那接下来的怪诞现象就不是人所能预知的了。

天才是掌权者

义，上自于天，下至于民。

义必是来自于贵者、智者，可是这世上谁敢妄称贵且智？人都是天造的，有什么力量能大过天？所以，墨子说，义来源于天，是天的旨意。然而，民众是朴实愚钝的啊，尽管民众一心向天，但要让他们的言行符合天意还是有难度的。于是，墨子想了个主意：尚同。

什么是尚同？如何尚同？

墨子说，尚同包括两个方面的内容。

一是，"一同天下之义"。为什么战国时总是战乱不断？墨子在思考这个问题时不仅看到了诸侯王的贪欲，同时还找到了一个比较形而上的答案：因为人心不齐。

那个时候，人人都有机会用言语来表达各自对国家、社会和人生的想法。人们按照自己的想法说话，结果，一个人有一种意见，两个人就有两种意见，十个人就有十种意见。人越多，他们不同的意见也就越多。每个人都认为自己的意见对而别人的意见错，因而相互攻击。所以在家庭内，父子、兄弟常因意见不同而相互怨恨，使得家人离散而不能和睦相处。天下的百姓，都用水火毒药相互残害，以致有余力的人不能帮助别人；有余财者宁愿让财腐烂，也不分给别人；有好的道理也自己隐藏起来不肯教给别人，以致天下混乱，有如禽兽一般。

所以，天下急需制定一个同一的是非标准，在判定对与不对、仁与不仁、义与不义这样的大是大非问题上，所有人的尺度都是一致的，这样就不会产生分歧和争吵，不会“公说公有理，婆说婆有理”。也正因为大家的行为准则一致，每个人对他人说出的话、做出的事就能够更容易、更准确地理解了。

以上为尚同的一个方面，它的另一个方面讨论的是春秋战国时期行政机构的关系。按照当时的行政级别，尚同基本可以表述为：里要与乡一致，乡要与诸侯一致，诸侯要与天子一致，天子要与天一致，层层上同，最终同于天。

这点听起来有些绕，实际上操作起来很简单。墨子认为，义是用来匡正人的，不能从下正上，必须从上正下。因此，要在天子和黎民百姓之间建立起一套完整的沟通机构。中央是天子和太师、太傅、太保三公；中央以下是万国诸侯国，由国君、将军、大夫执政；诸侯国以下是乡，乡以下是里，乡有乡长，里有里长。所有这些行政长官就是上下沟通的渠道。这样，天子就可以发布命令说，凡听到或看到善人善事就报告于上，听见或看见不善的事也要报告于上。凡上级认为是正确的事情，下级也必须认为是正确的；凡上级认为是错误的，下级也必须认为是错误的。下级有好的想法或建议要献给上级，上级有失误下级就加以规劝。下级要与上级保持一致，不能在下结党营私，拉帮结派。这样，一个上下沟通、下情上达的行政网络就建立起来了，为一同天下之义，实现天下大治提供了可靠的保证。

墨子特别强调了天子只能由“天”来选，即所谓的“君权神授”。天来掌控天子，天子掌控三公，诸侯国君、卿大夫以至乡长里正，一级控制一级。然而，天子毕竟是人，是人就会有人的弱点和缺陷。为了防止民众只是盯着天子的身影，亦步亦趋，邯郸学步，墨子又补充道，天下万民如果只上同于天子，而不上同于天，天灾仍然不可避免。当气候寒暑不调，雪霜雨露不止，五谷不熟，六畜不兴，瘟疫流行，暴雨久注之时，正是上天降下的惩罚，以警告那些不上同于天的人。因而古代的圣王都知道天喜欢什么、厌恶什么，于是就率领天下万民斋戒沐浴，准备好洁净而丰盛的祭品，来祭祀天地鬼神，以求兴利除害。凡祭祀按时进行，判案合理公正，分配财物力求均匀，待人处事讲究礼节的行政长官，上天就会厚待他，百姓也就拥护、爱戴他。于是他们谋事则成功，做事则顺利，防守则坚固，出战则胜利，政令则畅通，这便是上同于天的结果。

人要有所敬畏

《说文解字》释义：鬼，人所归为鬼。传说人死之后化为鬼，其精气归于天，肉归于地，血归于水，脉归于泽，声归于雷，动作归于风，眼归于日月，骨归于木，筋归于山，齿归于石，油膏归于露，毛发归于草，呼吸之气化为亡灵而归于幽冥之间。在中国，神的样子往往相貌端正，鼻直口阔，一脸福相；而鬼，除了小谢、聂小倩少数几个是里里外外漂漂亮亮，其余一概是相貌狰狞，让人寒毛直立、心生厌恶。

中国人对鬼是不大有感情的，这一点和西方不同。即使是中元节用各种传统方式祭奠先人，在人们心中也是与先人的灵魂沟通，而绝不会承认说是在和鬼交谈。坊间传言，人和鬼是处于两个独立的空间里，当两个空间一旦重叠的时候，就会看到对方。

墨子是不怕鬼的，而且他还和它们相处得很好。儒生们避鬼而不谈，墨子却偏偏要谈鬼，还给予鬼很荣耀的功能。

墨子认为天的意志有时是通过鬼神来实现的。而这些如同天使一般的鬼，不仅仅是死去的亡魂，还包括天鬼、山鬼、水鬼等。而且墨子常常把鬼与神并称为“鬼神”，或是把鬼与天并称为“天鬼”。

墨子说，鬼一定是存在的。因为天下见到过鬼、见到过神的人不可胜数。比如，人们见到过杜伯、句芒和庄子仪。

杜伯，周宣王的大臣，因其死而传名。宣王在位期间，民间流传着一首童谣：“月将升，日将没；桑弓箕袋（箕草编的箭袋），几亡周国。”意思是说，周将会遭遇亡国之灾，其预兆就是操桑木做的弓和箕草编的箭袋的人。周宣王因此一直惴惴不安，他下令全国禁弓矢，由上大夫杜伯专督此事。结果还是有个山村野妇不明就里地进城卖弓箭，马上就被杜伯杀了。谶语已破，周宣王以为终于可以高枕无忧了，也就没追究杜伯的责任。这一年，周宣王大祭，夜间梦到一美貌女子自西方来，入太庙携太庙神主向东而去。这梦是说宣王的国家社稷要易主啊，于是宣王大惊而醒，余悸未消，越想越气，就下了道令把杜伯给杀了。杜伯临死前发誓：“我无罪君王却杀了我，如果人死而无知，就罢了；如果人死而有知，不出三年，我一定让君王您知道后果。”三年后，周宣王和众诸侯在郊外狩猎，猎车数百辆，随从数千人，满山遍野，好不威风。中午时分，就见杜伯乘白马素车，着红装戴红冠，手执红弓，腋下挟着红箭，将周宣王射死在车中。当时，周宣王的随从都看见了这件事，以之为奇，便远远近近地传开了。这个故事在《春秋》中被记录下来。

句芒，不是鬼而是神，是司树木的木神。他不仅掌管人间万木，而且连太阳的寝宫——神树扶桑也归他管。他的样貌大致可以描述为六个字——鸟身、人面、方脸。

有一次，郑穆公在庙堂午休，有一人首鸟身之物飞入堂中，站在了左边，郑穆公见状，惊恐万分，就要逃跑。神说：“不用怕，上帝知道你品德高尚，派我来给你加寿十九年，使国家昌盛，子孙繁衍，不丧失郑国。”郑穆公连忙稽首下拜说：“请问，您是哪位高神？”神说：“我是句芒。”这可是郑穆公亲眼所见，那句芒必然存在了。

庄子仪，是燕国的大臣，没犯罪却被燕简公给杀了。庄子仪临死时说："死了若是没知觉也就罢了；若是有知觉，不超过三年，就会让你看见我。"第二年，简公将要到祖泽去祭祀。燕国有祖泽，就像宋国有桑林一样，很出名，是国家举行大型祭祀活动的场所。当时男男女女都来观看。这时庄子仪从道旁冲出来，手里拿着红木杖把简公打死在车上。当时，燕国的侍从都看到了，远处的人也都听说了。此事被载入燕国的史书里。

墨子如此坚定地论证鬼神的存在是有他的目的的。他认为天下的一切混乱、暴行和道德沦丧都发端于人们不知道这世上真的有鬼神。正是因为无知才会无畏，才会肆无忌惮地胡作非为。其实，那些鬼神无所不在，他们监督并评判着人间的所有行为，是赏善罚暴的执行者。鬼神的力量是非常巨大的、超人的，凡是凶恶暴虐的人，无论他多么富贵，多么势众，多么强勇，也无论他拥有多少坚甲利兵，都不是鬼神的对手，鬼神都能降罚于他。所以，鬼神具有"无大不罚之"的能力。反之，凡是为善为义的人，无论他多么困窘，多么软弱，多么愚笨，鬼神都能明察秋毫帮助他。所以，鬼神又具备"无小不赏之"的能力。鬼神能辅佐天子为政施令，监督他的言行，使之"兴天下之利，除天下之害"。无论何年何月，人间都需要这样刚正不阿、大智大勇的司法者。

其实，墨子讲了那么多的神神鬼鬼，无非是在告诫大家，人应当有所敬畏。

除了自然，人最应该敬畏内心。东汉时，杨震升任东莱太守，上任途中经过昌邑。昌邑县令王密是杨震举荐的官员，得知恩公要来，急急筹备了十斤黄金夜访杨震。杨震婉言谢绝。王密以为他只是客气一下便随口说："恩公您就收下吧，大晚上的，没人知道。"杨震一听，怒了："天知、地知、你知、我知，这还叫没人知道吗？"是啊，当一个人做出有损人格、国格之事还能够洋洋得意时，请记住，一切都躲不过天、地、良知的眼。

图书在版编目（CIP）数据

为贫弱者立说：大爱《墨子》/ 陈树千著．— 郑州：海燕出版社，2013.12（2017.1 重印）
（华夏文库）
ISBN 978-7-5350-5527-9

Ⅰ.①为… Ⅱ.①陈… Ⅲ.①墨家 ②《墨子》－通俗读物 Ⅳ.①B224-49

中国版本图书馆 CIP 数据核字（2013）第 152633 号

华夏文库 经典解读系列

为贫弱者立说

——大爱《墨子》

陈树千 著

出版发行：海燕出版社
（郑州市北林路 16 号 450008）
发行热线：0371-65734522
经　　销：全国新华书店
印　　刷：恒美印务（广州）有限公司
开　　本：635 毫米 ×965 毫米 1/16
印　　张：10.5 印张
字　　数：80 千字
版　　次：2013 年 12 月第 1 版
印　　次：2017 年 1 月第 4 次印刷
定　　价：18.50 元